다루기 힘든 청소년을 위한

효과적인 청소년 상담

Janet Sasson Edgette 저
김영은 역

학지사

Adolescent Therapy that Really Works:
Helping Kids Who Never Asked for Help in the First Place
by Janet Sasson Edgette

역자의 글

"내담자가 도무지 말을 안 해요." "이것저것 관심을 끌려고 시도해 봤지만 소용이 없어요." "지금 내가 (심리)치료를 하고 있는 건지, 그냥 말동무를 하고 있는 건지 잘 모르겠어요." "(심리)치료가 진척이 안 되고, 제가 과연 이 아이에게 도움이 되고 있는지 의문이 생겨요." 청소년 상담을 하는 상담자의 이러한 호소는 청소년 상담이 결코 쉽지 않은 과정이라는 것을 잘 대변해 주는 것 같다. 이처럼 청소년 상담은 많은 상담자가 부담을 느끼고 어려워하는 분야다. 그 이유는 과연 무엇일까? 그것은 상담자가 아무리 청소년의 발달적 단계와 각 단계에 있어서 청소년의 욕구(needs)와 과제(tasks)에 대한 이론적 이해로 잘 무장이 되어 있다고 하더라도 심리치료에서 청소년 내담자의 사고, 감정, 행동 등이 드러나는 방식은 예기치 못한 형태로 상담자의 허를 찌르는 경우가 많기 때문이다. 또한 상담자가 이러한 미궁을 헤쳐 나가는 데 있어 아동이나 성인을 대상으로 효과적으로 사용하던 방법이 청소년에게는 잘 통하지 않기 때문이기도 하다. 물론 청소년 상담뿐 아니라, 일반적으로 심리치료라는 작업은 언제나 많은 예상하지 못한 도전과 심리적 어려움을 수반하는 역동적 과정이다. 하지만 상담실을 찾는 많은 청소년이 본인의 의지가 아닌 다른 사람의 의지나 강요로 온 비자발적 내담자라는 상황은 치료가 시작되는 것 자체를 더욱 어렵게 만드는 요인이다. 변화에 대한 필요성을 인식하지 못하거나 변화에 대해 거부감을 느끼는 내담자와 내담자가 변화해야만 한다며 그 절박성을 주장하는 내담자의 보호자(보호기관) 사이에서 상담자는 종종 어떻게든 변화를 만들어 내야 한다는 압박감을 느낀다. 청소년에게 의도한 변화가 잘 나타나지 않을 경우, 상담자는 자신의 무능력함을 탓하거나 자신의 노력을 수포로 만들어 버린 내담자를 탓하게 되는 흑백논리에 종종 빠지는 모습을 보인다.

청소년 상담에 관한 많은 이론서가 나와 있기는 하지만 이러한 상담자가 치료실에서 직면하는 도전과 어려움을 어떻게 풀어 나가야 할지에 대한 구체적인 방법을 제시하는 청소년 상담 관련 도서는 그다지 많지 않다. 이러한 현실에서 만난 Sasson 박사의 책은 상담자로서 귀한 치료 도구를 발견했을 때와 같은 기쁨을 안겨 주었다. 이 책은 청소년에 대한 이론서가 아니다. 물론 청소년에 관한 이론적 이해가 바탕이 되고 있기는 하지만 저자는 수년간 청소년 심리치료를 해 온 심리치료자로서 철저히 임상적 관점에서 심리치료의 생생한 실제를 담으려고 노력했다. 독자들은 이 책을 읽으면서 책 속 상담자 사례에서 자신의 모습을 발견하기도 하고 자신이 그동안 사용해 온 치료적 접근에 대한 도전을 받기도 할 것이다. 그러나 무엇보다도 청소년 내담자와의 상담과정에서 그간 풀리지 않았던 궁금증이 조금이나마 해소되며 심리치료에 대한 새로운 관점을 얻는 경험을 하게 될 것이다.

그러나 이 책을 심리치료 기법에 관한 가벼운 실용서 정도로만 이해한다면 그것은 이 책의 정수를 제대로 만나지(encounter) 못한 것이다. 이 책에 나오는 심리치료자를 위한 실제적인 '코칭'은 결코 어떤 상황에 효과적으로 대처하거나 문제해결을 하기 위한 단편적인 상황 이해에서 비롯된 것이 아니다. 이 책에서 언급하는 방법은 저자의 깊이 있는 인간 이해라는 큰 틀 안에서 구체적인 청소년에 대한 이해를 바탕으로 하고 있다. 또한 무엇보다도 이 책의 근간을 이루는 것은 심리치료를 대인적 관계로 보는 저자의 관점, 그리고 대인 간의 진실한 만남과 교류를 통해 변화를 추구하는 저자의 '진정성'의 철학이다. 그것이 이 책이 심리치료의 노하우를 제공하는 이상의 깊은 감동을 주고, 저자의 관점을 마음으로 수긍하게 만드는 이유인 것 같다. 독자들이 이 책의 '맛'을 풍성하게 음미할 수 있게 되기를 바라는 마음이다.

2013년 2월

김영은

감사의 글

그동안 나에게 영향을 준 모든 분께 감사를 드린다. 내 첫 번째 스승은 정신분석가였는데, 나는 그를 통해 인간 이해의 기초를 다질 수 있었고 그것은 내가 하는 심리치료에 지속적인 영향을 미치고 있다. Hahnemann 대학의 임상심리 대학원 프로그램을 설립한 Jules Abrams 박사는 내게 지적인 열정과 따뜻한, 유머를 동시에 지닌 사람의 모델이 되었다. 또 P. Evans Adams 박사, Harry Aponte, Jeffrey K. Zeig 박사에게서는 상담이라는 예술의 다양하고 귀중한 측면에 대해서 배울 수 있었다. 비록 문헌으로밖에는 접할 수 없었지만, Milton H. Erickson과 Carl Whitaker의 영향력 역시 크다고 할 수 있다. 또한 이 프로젝트에 대해 처음부터 확신을 가져 준 Morton Professional Books의 Deborah Malmud와 이 책이 출간되는 데 도움을 준 Michael McGandy에게도 감사를 드린다. 또한 나의 남편 John에게도 무한한 감사를 드린다. 그는 임상적 작업을 포함한 내가 하는 모든 일에 상당한 영향을 미쳐 왔다. 또한 세계적

명성을 지닌 승마교사 George Morris는 내 승마교사로서의 직업적인 측면 이상으로 나에게 깊은 감명을 주었다. Morris는 삶에서 우리가 통제할 수 있는 부분과 통제할 수 없는 부분에 대해 대단히 잘 이해하고 다양한 생명체의 진정한 본질을 존중함으로써 그들과 협력하는 방법을 숙지한 사람이다.

저자의 글

대학원 2년 차 여름에 나는 말타기 체험학습 프로그램의 책임자로 일을 한 적이 있다. 등록한 아이의 대부분은 주로 재미로 신청한 터여서, 처음 말을 타 보는 아이도 적잖이 있었다. 자기 장비를 구비한 아이는 거의 없었다. 아이들은 마구간 옆의 큰 박스에 담겨 있던 땀에 배고 냄새나는 부츠, 말안장, 헬멧 등을 사용했다.

그 여름, 캠프 전체에 머릿니가 돌았다. 아이들의 부모는 캠프 책임자에게 정신없이 전화를 해댔다. 아이들이 헬멧을 돌려쓰고 있다는 것을 안 부모들은 우리가 어떤 방지책을 구상하고 있는지 알고 싶어 했다. 캠프 책임자였던 데이비드는 50명의 아이에게 각각 헬멧을 사 줄 생각은 없었다. 하지만 그런 방지책 없이는 부모들이 아이들을 캠프에서 도중하차하게 하고 등록비 반환을 요구할 것이라는 것도 잘 알고 있었다.

부모에게서 전화가 걸려 오기 시작한 첫날, 나는 데이비드가 마구간에 있는 나를 향해 급히 달려오는 것을 보았다. 마침 나는 헬멧 보관상자를 보면서 이것들이 곧 쓰레기통에 들어갈 것이라는 생각을 하고 있었다. 그는 세균 제거용 라이솔 캔을 들고 있었다. '설마' 하고 나는 속으로 생각했다.

"자넷, 우리가 상황을 통제하고 있다는 것을 부모들에게 확신시켜 줄 방법이 필요해." 그가 말했다. "하지만 그런 방법이 없잖아요." 내가 답했다. 나는 그가 뭐라고 할지 두려웠다. 내 짐작이 맞았다. 그는 대형 스프레이 캔을 내게 보이며 말했다. "그렇지. 하지만 이걸 시도해 볼 수밖에." 그는 헬멧 안쪽에다 그것을 뿌리라고 했다.

나는 그것을 받아들고 캔 뒤쪽의 설명을 읽어 보았다. "데이비드, 라이솔은 머릿니에는 통하지 않아요. 오히려 아이들 머리에 암을 유발하지나 않으면 다행이고요."

"나도 이게 멍청한 짓이라는 것은 알아. 하지만 적어도 우리가 뭔가 대처를 하고 있다는 느낌은 줄 수 있겠지." 그는 의기소침하게 말했다.

나는 6년 전 이 책의 초판인 *Candor, Connection, and Enterprise in Adolescent Therapy*를 출간했다. 그러나 지금까지도 정신건강 분야가 안고 있는 어려움의 하나는 청소년 내담자의 흥미와 존중을 이끌어 내는 것인 듯하다. 많은 심리치료자, 상담자, 사례관리자는 그해 여름 그 캠프 책임자, 데이비드가 느꼈던 감정을 느끼게 되는 것 같다. 그들은 성나고 몹시 우울한, 도망치고 있는, 도움이 절실히 필요해도 요청하지 않는, 도움을 요청해도 그것을 활용하지 못하는, 또는 도움을 받아들이지만 그들의 기대와 필요와는 다르다고 생각하는 청소년을 늘 접한다. 이러한 상황에서 정신건강 전문가가 무언가를 해야만 한다는 다급한 느낌은 점점 더 강해지는 것 같다.

이것은 부분적으로 미국 가정이 안고 있는 큰 문제를 반영한다. 이는 또한 예방적 돌봄과 교육적 개입의 부진을 반영하기도 한다. 그것은 수많은 활용되지 못한 기회—초등 · 중등학교 교과과정, 가정과 학교연계 활동, 대학의 선택과목, 지역사회 정신건강 활동, 청소년 스포츠 관련 활동—를 의미하기도 한다. 이런 기회는 사람들에게 아동이 어떻게 생각하고 발달하는지, 어떻게 그들과 지속적인 관계를 맺을 수 있는지, 정서적으로 고립되고 신경질적인 14세 청소년을 어떻게 양육해야 하는지를 교육하는 계기로 활용될 수 있었다. 하지만 안타까운 현실은, 문제가 오래 방치된 연후에야 이에 대한 대책을 강구하는 것이 일반적이라는 사실이다. 이런 경우, 효과적인 도움을 제공하는 것은 쉬운 일이 아니다.

치료자를 좌절시키는 또 다른 문제가 있다. 정신건강 분야는 상당히 방대하고 영향력이 있지만, 청소년 특유의 심리를 고려한 치료적 접근의 개발이나 정교화는 아직 미약한 수준이라고 할 수 있다. 물론 '자해행동'을 하는 청소년을 위한 전략, 분노조절 집단을 위한 지침, 아동을 위험에서 보호할 수 있는 시스템은 갖추어져 있다. 그러나 상담자에게 인상을 찌푸리기만 하는 약물사용 문제를 가진 청소년이나, 자기가 특별하다고 여기며 모든 것의 예외적 적용을 요구하는—기본적 예의에서도—고등학생과 대화를 하는 방법에 관한 가이드라인은 별로 없는 듯하다.

대부분의 청소년은 심리치료에 대해 부정적이다. 이것은 그들이 상담자의 도움과 그 시도를 어떻게 받아들이고 있는지를 잘 반영하고 있다. 그러나 상담자가 이것을 얼마나 심각하게 받아들이고 있는지는 의문이다. 아직도 청소년에게 더 적합한 치료의 방법, 전달법,

또는 상담자의 스타일에 대한 성찰은 잘 이루어지지 않는 것 같다.

상담자는 청소년 내담자의 좀 더 생산적인 변화와 적응적인 행동의 촉매제가 될 수 있는 더욱 우수한 서비스를 제공해야 할 책임이 있다. 그러나 이것을 실천하기란 그다지 쉽지 않다. 청소년 상담에서 모순은 넘쳐난다. 그 이유 중의 하나는 청소년이 자신의 정서적 필요에 대해 상당한 불편감을 느끼기 때문이다. 따라서 더 나은 상담 서비스를 개발하는 것은 논리를 역행하는 노력이 될 수 있다. 청소년 내담자가 잘 이해되지 않고, 치료가 잘 풀리지 않는 이유가 여기에 있다.

지나치게 노력하는 상담자는 내담자의 흥미를 끌지 못한다. 지나치게 보살피려고 하는 상담자도 마찬가지다. 상담자의 노력과 보살핌은 청소년에게 부담으로 다가올 수 있다. 또한 부자연스러운 것으로 경험되기도 한다. 청소년은 이런 성인을 능숙하게 식별해 낸다. 관계에 걸맞지 않은 노력이나 관심은 자동적으로 거절당하게 되어 있다. 그것은 상담자 개인에 대한 것이라기보다는 본능적 생존기제의 반영이라고 할 수 있다. 뭔가 석연치 않을 때는 도망치라는.

상담자가 중립성을 지키기 위해, 또는 라포를 형성하거나 갈등을 회피하기 위한 목적으로 내담자와의 새로운 관계가 자연스럽게 발전하도록 놔두지 못하는 것 또한 치료에서 흔히 발견되는 문제다. 이것은 치료를 인위적이게 한다. 또한 이것은 강렬한 감정을 다루고 치료 중에 예상되는 민감한 상호작용을 생산적으로 처리할 수 있는 상담자의 능력을 깎아내린다. 또한 이것은 비인간적이고, 표면적인 인간관계를 모델링하게 된다. 이런 것이 일반적인 심리치료에서 일어나는 것도 바람직하지 않지만, 그런 부자연스러움을 잘 다루지 못하는 청소년 내담자와의 만남에서는 더욱 부정적인 영향을 미치게 된다.

청소년 상담이 어려운 또 하나의 이유는, 대인관계를 맺기 위한 일반적인 절차가 청소년에게는 잘 적용되지 않기 때문이다. 상담자가 은밀하게 인정하면서도 공공연하게 언급하지 않는 사실은, 성인이 청소년을 대할 때는 관계 맺는 태도를 바꾼다는 것이다. 청소년의 성급한 판단이나, 권력과 통제에 대한 민첩한 대응을 염두에 둔 나머지, 성인은 그들과의 관계에서 더 자신을 의식하거나 절제하게 된다. 특히 청소년이 원하지 않는 대화를 나눌 때는 더 그런 경향이 있다. 말로 잘 설명할 수는 없어도 청소년은 이 역동에 대해 어느 정도 인식하고 있다. 이런 성인의 불편감에 대해 청소년이 책임을 질 필요는 없다. 청소년은 청소년답게 행동하고 있을 뿐이다.

청소년 상담자 역시 청소년을 대하는 태도나, 사회적 기대를 바꿀 위험이 있다. 왜냐하면 상담은 단순히 청소년의 무시하는 혹은 지루해하는 태도를 피하는 것 이상의 것으로 내담자의 가족, 교사, 또 다른 모두가 상담자가 청소년과 무언가 생산적인 일을 해낼 것을 기대하고 있기 때문이다. 그러나 이 책에서 내가 다루려고 하는 청소년은 그런 것에 관심이 없는 아이들이다. 이런 상황에서 상담자는 이 나이 어린 비자발적인 내담자에게 상담이라는 것이 얼마나 유용한 것인지를 설득해야 하는 난처한 입장에 처하게 되는 것이다.

상담자가 빠지기 쉬운 더 큰 함정 중의 하나는 청소년의 흥미와 신뢰를 얻으려는 일환으로 그들에게 일반적인 예의와 적절한 행동을 기대하지 않는 것이다. 유연하고 침착하게 보이고 싶은 나머지, 상담자는 청소년의 부적절한 말이나 행동을 눈감아 주게 된다. 물론 심각한 외상이나 스트레스를 경험하고 있는 청소년의 부적절한 행동은 상황에 대한 적응적 행동으로 이해할 수 있다. 그러나 일반적으로 상담자의 위와 같은 반응은 상담자의 공감을 전달하기보다는 (표면적) 평화를 위해 진실한 관계를 타협하려는 것으로 비칠 수 있다.

이것은 청소년 내담자에게 위로가 되기보다는 혼란을 준다. 이미 그들 주변에는 친밀감을 위해 관계의 진실함을 희생하는 많은 사람이 있기 때문이다. 그러나 거짓된 '척'을 버리고 진실하게 만나고 관계하고자 하는 사람은 드물다. 따라서 상담자의 진실한 접근은 소외되고 실망감을 경험하고 있는 청소년에게 강렬한 인상을 줄 수 있다. 왜냐하면 그것은 흔히 경험해 보지 못한 색다른 것이기 때문이다. 내담자가 이러한 상담자의 태도에 흥미를 느끼고 탐색을 계속할지는 모르지만, 어쨌든 상담자는 내담자에게 그가 이제껏 경험한 대인관계의 방식과는 다른 관계방식을 소개해 주는 것이 될 수 있다.

이 모든 것은 상담자가 청소년의 행동(가시적/비가시적)을 개인적 선택으로 정의하기 시작할 때 비로소 가능하다. 이것은 청소년의 행동이 사람들에게—상담자를 포함해서—미치는 영향을 숨기지 않는 것을 의미하기도 한다. 이러한 인식을 바탕으로 청소년이 어떤 선택을 할지는 또 다른 이야기이고, 온전히 그의 선택이기도 하다. 중요한 것은 상담자가 자신의 의견을 청소년에게 강요할 의사가 없다는 것과 그가 의무적으로 변화해야 하는 것은 아니라는 것을 청소년이 이해하는 것이다. 이것이 중요한 이유는, 상담자와 나누는 이야기가 곧 그 부분에서 변해야 한다는 기대로 연결되면, 청소년이 더 이상 자유롭게 대화를 나누기가 어려워지기 때문이다. 이런 과도

한 부담 아래서, 청소년은 자신의 말에 대해 지나치게 의식하게 되고 오히려 변화의 시점에 이르지 못할 수 있다. 이것은 상담자에게도 중요한데, 청소년이 위에서 언급한 부담을 느끼지 않을 때 상담자 역시 자유롭게 이야기할 수 있기 때문이다.

긍정적인 변화가 일어났거나 그런 가능성이 있다는 것을 청소년 내담자를 통해 직접 목격해야 할 필요는 없다. 아무도 진실이라고 믿지 않으면서도 도전하지 않았던 것을 조용하고 침착하게 도전하는 상담자의 태도는 강력한 치료적 개입이 될 수 있다. 이것은 청소년이 가족의 지지를 잃고, 친구들의 인내심이 바닥나고, 타인의 선한 의도가 소진될 경우 어떤 일이 벌어질지 미리 보여 주는 효과가 있다. 때때로 이것은 청소년의 변화를 유도하기에 충분하다. 예를 들어, 모든 도움을 거절해 온 청소년이 외로움과 자신의 독단, 분노, 경멸, 슬픔, 가출이나 음주로 인한 불만족 상태를 경험하게 될 위험에 처해 있다는 것을 깨닫는 것이다. 이것이 청소년 상담에서 '책임'이 지니는 의미라고 할 수 있다. 즉, 청소년에게 직접적으로 도전하지 않으면서 그가 스스로 현실을 깨닫게 하는 것이다. 이는 종종 오해되어 온 것처럼, 청소년이 자신의 문제에 대한 책임을 인식하고 무언가 다르게 하기로 동의하는 것과는 다르다.

그러나 청소년 내담자를 소외하지 않으면서 행동에 대한 책임을 묻고, 더 나아가서 그들을 감동시켜 스스로 변할 수 있게 하기 위해서는 개입의 적절한 시기, 전략, 공감, 암묵적 소통 등에 대한 연구가 필요하다. 물론 그것은 쉽지 않다. 많은 상담자는 청소년에게 책임을 묻는 것이 상담자와의 관계 단절을 초래할까 봐 염려한다. 또한 비지지적으로 보이거나 내담자를 자극할까 봐 걱정한다. 상담자

중에는 치료에 관심이 없는 내담자와의 관계 형성에서 책임과 동맹은 공존할 수 없다고 오해하는 사람도 있다.

나는 이런 상황에 대해 매우 다른 관점을 가지고 있다. 상담자가 편안하고 수용적이면서도 청소년의 행동과 선택, 또한 그런 선택의 배경이 되는 가치관에 대해 거리낌 없이 질문하지 않는다면 진정한 관계는 형성되기 어렵다는 것이 나의 견해다. 라포(관계)의 유지라는 명목하에 청소년과 상담자가 이미 서로 인식하고 있는 것에 대해 침묵할 때, 상담자는 전문가로서의 신뢰와 존중을 잃게 된다. 이것은 귀중한 것을 놓치는 결과를 낳는다.

상담자가 진실을 말한다고 해서 청소년 내담자가 늘 도망치는 것은 아니다. 오히려 그 반대의 경우가 많다. 다시 말해서, 상담자가 진실하게 그들을 대할 때 그들은 치료에 머무르고 상담자와의 관계를 지속한다. 일반적으로, 청소년은 자신이 익숙한 정도 이상으로 높은 기준을 기대하는 성인을 분노로 위협하려고 한다. 그러나 심리치료에서는 청소년이 상담자의 판단과 인격을 신뢰할수록 치료에 머무를 가능성은 높아진다. 이런 아이의 대부분은 기분이 호전되고 자신을 더 잘 통제할 수 있게 되기를 바란다. 또한 이들은 자신이 곤경에 빠졌다는 것과 거기서 벗어나기 위해 도움이 필요하다는 것을 인식하고 있다.

우리의 청소년 내담자는 상담자의 관심과 선한 의도, 도움을 받는 과정에서 자신의 체면을 잃지 않는 것이 얼마나 중요한지 상담자가 헤아리기를 바란다. 상담자가 청소년의 이런 요구를 존중하기 위해서는 청소년의 심리에 대해 민감하게 파악하고 있어야 한다. 또한 청소년이 성인이 자신을 어떻게 생각하는지에 얼마나 예민한지, 또 성인의 선한 의도가 때로는 청소년에게 갑갑하고 무시당하는 느낌을 줄 수 있다는 것을 알고 있어야 한다. 심리치료는 '존중'의 바탕에서 이루어져야 한다. 때로는 그 작업이 말끔하지 않고, 혼란스럽고, 고통스러울지라도 말이다. 내담자와 관계를 맺는 과정에서 이런 인간적인 존중이 무시될 때—상담자 자신이나 내담자 모두에게—상담자는 자신을 헐값에 팔아넘기는 것이나 마찬가지가 된다.

2005년 8월

펜실베니아 주 체스터 스프링스에서

Janet Sasson Edgette

차 례

■ 역자의 글 • 3
■ 감사의 글 • 7
■ 저자의 글 • 9

제1장 상담자가 내담자에게 의미 있는 존재로인식되는 것의 중요성 … 21

청소년에게 적합한 접근방식의 필요성 • 24
색다른 메시지 • 29
색다른 관계 • 35
체면을 세워 주는 것의 중요성 • 39

제2장 반대쪽에서 바라보기:
청소년은 심리치료를 어떻게 경험하는가 … 43

치료관계의 어려움을 초래하는 청소년의 태도와
발달적 욕구 • 48

제3장 상담자가 도움이 되지 못하는 이유 … 65

신뢰를 잃은 상담자 • 67
청소년이 싫어하는 세 가지 질문 • 79
비효과적인 심리치료 세 가지 • 83
다른 사람이 도움이 되지 못하는 경우 • 89
저항이라는 개념의 활용 • 93

제4장 다른 결과를 원한다면 치료를 바꾸라 … 95

심리치료의 질적 변화 • 99
상담자에게 필요한 변화 • 113

제5장 솔직함과 관계 … 117

솔직함을 더 자주 사용해 보면 어떨까 • 121
솔직할 때 주의해야 할 것 • 126
솔직함과 진정성을 사용하여 직면하기 • 136

제6장 개인치료의 난관 헤쳐 나가기 … 143

"도와주세요! 이 아이는…" • 146

제7장 효율적인 가족치료 운영하기 … 187

문제를 미연에 방지하기 • 189
치료 중의 또 다른 문제 • 197

제8장 통제불능 자녀를 둔 부모 돕기 … 203

대인관계 문제는 어떻게 행동문제로 바뀌는가 • 206
지나치게 조심스러운 부모 돕기 • 213
사면초가에 몰린 부모 돕기 • 225
통제적인 부모 돕기 • 230

■ 찾아보기 • 237

Adolescent Therapy that Really Works | **제1장**

상담자가 내담자에게 의미 있는 존재로 인식되는 것의 중요성

- 청소년에게 적합한 접근방식의 필요성
- 색다른 메시지
- 색다른 관계
- 체면을 세워 주는 것의 중요성

심리치료 현장에서 상담자를 당황하게 만드는 임상 환자는 늘 있게 마련이다. 예를 들면, 물질관련 중독자, 반사회적 성격장애자, 그 외의 성격장애를 앓고 있는 사람이 거기에 속한다. 청소년 또한 이 범주에 들어갈 수 있다. 물론 많은 상담자(그리고 부모)는 청소년을 이러한 악명 높은 범주에 포함하는 것에 대해 극구 반대한다. 또한 모든 상담자가 청소년을 상담하는 데 어려움을 겪는 것도 아니다. 그러나 많은 상담자가 어려움을 경험하고 있고, 그 어려움의 정도는 가볍게 지나칠 만한 수준이 아니다. 상담자가 종종 동료에게 털어놓는 어색하고, 정적이 흐르는, 시험대에 서 있는 듯한 상담회기 경험은 그래도 나은 축에 들어간다. 최악의 경우, 상담자는 결코 자신이 원치 않는 말과 행동을 하며 치료가 진척이 없는 것에 대해 청소년 내담자를 비난하는 자신을 발견한다.

청소년 상담에서 증상이 호전되지 않는 경우, 상담자는 청소년 내담자에게 그 책임을 돌리기 쉽다. 결국 그들은 '청소년'이라는 것이다. 여기에는 청소년에 대한 여러 가지 문화적, 역사적, 사회적 의미—걸핏하면 화를 내고, 반항적이고, 자신에 대한 이야기를 잘 하지 않고, 독립적인 척하고, 무분별하고, 장난기 많고, 언쟁을 일삼고, 아슬아슬한 스릴을 추구하는—가 포함되어 있다. 청소년은 그들이 천하무적이고 완전하다고 생각한다. 그런 그들이 과연 상담자에게 무엇을 바랄까? 심지어 고통을 겪고 있는 청소년도 친절한 성인의 선한 제스처를 편안하게 받아들이기 어려워한다. 왜냐하면 성인에게 도움을 받는다는 것 자체가 자신의 허술함과 또 성인의 위로와 지지에 대한 필요를 인정하는 것이 되기 때문이다.

청소년에게 적합한 접근방식의 필요성

물론 이러한 청소년도 성인의 위로와 지지를 받아들일 수는 있다. 만약 상담자가 일반적인 접근법이 아닌 다른 방법으로 그들에게 접근한다면, 그들은 더 쉽게, 또 더 자주 성인의 위로와 지지를 받아들일지도 모른다. 상담자는 이들 청소년—어떤 측면에서는 아직 아동이기도 하고 어떤 측면에서는 성인이기도 한—을 마치 자발적으로 자신의 문제를 해결하려고 심리치료에 온 사람을 대하듯이 하는 오류를 범할 때가 많다. 사실 그들은 치료를 원치도 않았고, 자신의 문제를 해결하려고 노력하지도 않는다. 자신의 문제를 풀어 보려는 많은 청소년조차 그러한 의도를 직접적으로 표현하지는 않는다. 그것보다는 심리치료에서 오는 이점을 슬쩍 취하는 쪽을 택한다. 그들의 변화는 치료회기가 아닌, 상담자나 부모의 눈이 미치지 않고, 또 공공연하게 드러나지도 않는 상담 현장의 밖에서 시작될 경우가 많다. 이것은 청소년이 자신의 체면을 지키는 방식이고 상담자는 그들이 그렇게 할 수 있도록 도와야 한다.

청소년과 작업을 하는 데 어려움을 겪는 상담자는 이런 점에 있어서 서투르다. 그들은 청소년의 몸동작이나 표정에서 이미 확연하게 드러난 것에 대해 직접적인 언어적 반응을 끌어내려고 한다. '이미 답을 하지 않았나요?' '괜찮다고 이미 말했잖아요. 그걸 꼭 말로 해야겠어요?' 하고 청소년은 생각한다.

청소년과 씨름하고 있는 상담자는 청소년에게 치료목표를 달성하기 위해 지난주 어떤 노력을 했는지 점검해 보자고 할지도 모른다.

'그건 선생님이 정한 목표이지 내가 정한 게 아닌데요.' 하고 청소년은 생각한다. '그런 목표에 동의한 적 없어요. 그냥 싸우기 싫어서 놔뒀을 뿐이죠. 내가 거기에 동의한다는 생각은 어디에서 온 거죠?'

또한 상담자는 청소년의 행동이나 태도의 변화를 칭찬하거나 축하함으로써 그들의 환심을 사려고 하기도 한다. 그것을 반기는 아이도 있지만, 그렇지 않은 아이도 있다. 그걸 반기지 않는 아이는 이렇게 생각할 수 있다. '선생님은 저를 칭찬하시면서 제가 마치 선생님에게 설득당한 거라고 속으로 생각하는 것 같아요. 내가 좋아지는 것이 선생님이 맞고 내가 틀리다는 것을 의미한다면 그만둘래요.' 따라서 개개의 청소년이 어떤 유형인지 파악하는 것은 상당히 중요하다.

▲ 상담자의 지나친 열심은 오히려 청소년 내담자와 효과적으로 작업하는 데 장애물이 된다.

유능한 상담자는 자기개방과 자기성찰 능력을 갖춘 성인에게 '안전하게' 느껴지는 임상적 환경이 청소년 내담자에게는 숨 막히고 불확실한 공간으로 경험된다는 사실에 당황해한다. 청소년은 타인의 의견이나 판단으로 에워싸이는 것을 원하지 않는다. 그들은 성인의 변화에 대한 강요나 잘난 체, 그리고 무리한 권유가 없는 안전한 공간을 추구한다. 따라서 상담자의 지나친 열심은 오히려 청소년 내담자와 효과적으로 작업하는 데 장애물이 된다.

만만찮은 고객

유능한 상담자가 유독 청소년과의 작업에서 어려움을 경험하는 데는 나름의 이유가 있다. 청소년이 호감을 줄 때도 가끔 있기는 하지만, 그들은 성인 내담자와는 다른 어려운 과제를 상담자에게 부과한다. 첫째, 대부분의 청소년은 비자발적 내담자다. 그들이 심리치료실에 오게 된 것은 누군가 다른 사람—부모, 교사, 학교상담사, 조부모—이 필요하다고 생각했기 때문이다. 그들은 자신의 어려움이 스스로 만든 것이라고 받아들이기보다는 가족이나 학교 관련자를 비난하거나, 다른 사람의 오해나 어쩔 수 없는 상황에서 비롯된 것이라고 여긴다. 그들은 부모나 친구 관계의 어려움, 성적문제, 음주, 자기 이미지, 정서적 문제의 책임이 자신에게 있다고 생각하지 않는다. 물론 성인 내담자도 자신의 대인관계 방식이나 일처리 방식과 자신의 심리적 어려움 사이의 연관성을 추측하는 상담자에게 불평을 하곤 하지만, 적어도 성인 내담자는 심리치료 과정에서 동반자가 될 수 있다.

그러나 적개심에 차 있고, 우울한, 일탈행동을 일삼는 청소년 내담자에게 이것은 해당되지 않는 이야기다. 청소년 상담에서 상담자에게는 뚜렷한 동반자가 없다. 물론 청소년이 동반자가 될 가능성을 배제할 수는 없지만 말이다. 상담자는 동반자를 얻기 위해 좇아가지 말고 발견해 나가야만 한다. 흥미로운 것은, 청소년 내담자가 계속해서 비자발적인 태도를 취한다고 할지라도 그들이 상담자의 영향에 대해서 자신을 '열어' 두는 한 그것은 치료에서 별 문제가 되지 않는다는 것이다. 그런 열린 마음이 저항과 미미한 수준의 소극적 대화로 위장되어 있을 때라도 말이다.

둘째, 성난, 반사적인 행동을 하고 있는 청소년의 증상은 상당히 위협적일 수 있다. 그들은 방에서 뛰쳐나가고, 벽에 구멍을 내는가 하면 자신의 팔목을 칼로 긋기도 하고, 음주 운전을 하거나 등교거부를 하기도 하며, 시비를 거는 등의 행동을 일삼는다. 극도로 화가 난 경우에는 자기 방에서 두문분출하거나 자살로 위협하고, 또는 가출을 하기도 한다. 때로는 실제로 자살시도를 하거나 신체가 정상적으로 기능하기에 불충분한 지극히 적은 양의 음식만을 먹는다. 때로는 말하기를 거부하고 그저 펑펑 울기만 한다. 이때 상담자는 이러한 위협적인 증상을 당장 멈추게 해야 한다는 막대한 부담감을 느끼게 된다.

셋째, 청소년, 특히 비자발적으로 상담실을 찾은 청소년은 사람들이 처음 만남에서 경험하는 어색함을 줄이기 위해 일반적으로 하는 행동을 하지 않는다. 이러한 내담자는 상담자가 대화를 이어가는 데 느끼는 불편감에 대해 무관심하다. 그러므로 성인처럼(성인은 종종 전문가의 호감을 사기 위해 스스로를 상당히 의식한다) 어색함을 무마하기 위해 자신의 태도를 수정하려는 노력을 하지 않는다. 청소년 내담자는 상담자에게 좋은 인상을 주는 것이나, 상담자가 자신을 좋아하는 것이나, 또 상담자가 하는 말에 무관심할 수 있다. 이것은 일반적으로 상담자가 만나는 협조적인 성인 내담자와 극단적인 대조를 이룬다. 또한 청소년의 이와 같은 태도는 나이, 지위, 학위가 주는 권위에 의존하여 내담자에게 영향을 미치는 데 성공적이었던 상담자의 허를 찌른다.

관계 없이는 영향력도 없다

15세 줄리는 부모의 손에 이끌려 내 사무실로 들어왔다. 그것이 우리의 첫 번째 만남이었다. 줄리의 어머니가 호소했다. "줄리의 흡연에 대해 이야기하려고 합니다. 얘가 이번 여름에 담배를 피우기 시작하더니 도무지 우리 말을 듣지 않아요." "부모님의 말을 안 듣는데 제 말이라고 들을까요?" 내가 물었다. "선생님은 상담자이시니까요." "그렇지만 아직은 낯선 사람이죠. 게다가 줄리는 흡연에 관한 모든 정보를 이미 배워서 알고 있을걸요." "그렇다면 도대체 왜 우리가 여기에 있는 거지요?" 줄리의 아버지가 물었다. 나는 내가 어떻게 도울 수 있는지 설명하면서, 만약 흡연의 유해성을 가지고 줄리를 설득하려 든다면 별 효과가 없을 것이라고 했다. 나는 일단은 줄리가 상담자인 나의 말에 흥미를 느끼도록 하는 것이 우선인 것 같다고 말을 했다. 하지만 아직은 줄리에 대해 개인적으로 아는 바가 별로 없기 때문에 어떻게 해야 그녀의 흥미를 불러일으킬 수 있을지는 모른다고 했다. 그러나 그것을 파악해야지만 줄리가 이미 다른 어른에게 신물 나게 들어온 설교를 반복하는 것을 피할 수 있을 거라고 했다. 줄리의 부모는 내말에 곧 수긍했다. 줄리도 듣지 않는 척했지만 듣고 있었다. "따님을 다른 방식으로 이해하는 것을 통해 제가 따님에게 뭔가 의미 있는 대상이 된다면, 비로소 제가 말하는 것도 의미가 있게 되겠지요."

마지못해 상담실에 온 청소년 내담자와 의미 있는 관계 없이 진정한 변화를 이끌어 낼 수 있다는 상담자의 가정(소망)은 심리치료에서 흔히 경험하는 실망스러운 상호작용의 배경이 된다. 많은 상담자가 청소년 내담자가 상담자와의 만남에 관심이 있을 것이라고 생각하거나, 이성과 상식의 힘으로 그들의 생각과 감정을 변화시킬 수 있을 것이라는 근거 없는 믿음을 고수한다. '이번에야말로 그 아이가 자신의 삶을 얼마나 엉망으로 만들고 있는지 깨닫게 되겠지. 이

렇게 분명하게 드러내 준다면 말이야.'

그러나 청소년에게 그것이 그렇게 분명하게 보일까? 설령 보인다고 해도, 청소년이 스스로 변화를 추구할 동기가 있을까? 상담자의 이런 접근방식은 청소년이 그동안 들어 온 진부한 메시지를 다르게 포장한 것에 불과하다. 이럴 경우, 청소년을 돕고자 하는 선한 의도를 지닌 상담자는 고용된 저격수로 전락하게 된다. 상담자는 청소년이 지금까지 경험해 보지 못한 다른 메시지와 다른 관계로 그들에게 다가갈 필요가 있다.

의미 있는 관계는 두 사람이 얼마나 오랫동안 함께 작업했는지와 반드시 비례하지는 않는다. 그것은 상담자가 청소년 내담자에게 판단력과 성격적 측면에서 신뢰를 줄 수 있는지, 또 청소년이 상담자의 생각과 말을 경청하게 할 수 있는지의 문제다. 이런 관계는 단 한 번의 만남으로도 형성될 수 있다. 그것은 청소년이 상담자가 모든 것을 있는 그대로 진실하게 접근하는 데 관심이 있다는 것을 인식하는 순간부터 시작된다.

색다른 메시지

색다른 메시지는 청소년이 자신에 대해 그동안 들어 보지 못했던 무언가일 수 있다. 또는 들어 봤어도 이런 식으로 느껴지거나 흥미를 불러일으키지 못한 메시지일 수 있다. 그것은 청소년의 참여를 권하는, 이제까지 경험해 보지 못한 어떤 말이나 질문이나 신체적 표현일 수 있다. 그것은 청소년의 동기나 행동에 대한 해석은 아닐 것이다. 일반적으로 그런 해석은 상담자에게는 흥미롭지만 청소년에게는 그렇지 않다. 데이터의 요약이나 예측할 수 있는 결과를 알려 주는 것도 아닐 것이다. 내가 보기에는 상담자의 제안이나 말이 내담자와의 관계적 측면에서 멀어질수록, 또한 그것이 변화에 대한 명령에 가까울수록 청소년의 치료 동기는 떨어진다. 그보다는 상담자의 진실한 접근, 형성되고 있는 협력관계에 대한 집중과 헌신은 청소년 내담자가 은연중에 상담자의 말을 받아들이고 치료적으로 활용할 수 있는 분위기를 조성한다.

"장사꾼처럼 들리지 않으면서 다시 한 번 노력해 보라고 너를 설득할 수 있는 법을 알았으면 좋겠다." 나는 부정적인 심리치료 경험이 있는 비자발적 내담자에게 이렇게 말한다. 이 말은 그 순간에 내가 그 청소년에 대해 경험하는 바로 그것이다. 나는 그에게 무언가를 다르게 하라고 하지 않았다. 내가 무언가 다르게 할 수 있었으면 좋겠다는 바람을 이야기했다. 이것은 청소년 내담자가 치료에 더 노력을 기울여야 한다고 말하는 것과는 매우 다르다. 물론 이러한 메시지가 내포되어 있는 것은 사실이다. 그러나 그것을 직접적으로 요청하지는 않았다. 그것은 내담자 스스로가 결정해야 할 문제고, 이런 식의 말은 내가 그것을 이해한다는 것을 알려 준다.

"에릭, 너는 네가 반드시 옳아야만 한다고 고집하기 때문에 더 나은 선택 사항이 있어도 그걸 고려해 보길 꺼리는구나. 설령 너도 그것을 생각했을지라도 말이지." 나는 호감을 주지만 철저히 독선적이고 자신이 이미 모든 것을 다 알고 있다고 여기는 17세 청소년에게 말했다. 나는 그에게 그런 독선에 대해 또는 그것이 어디서 기인하는지 성찰해 보라고 하지 않았다. 덜 독선적이 되도록 요구하지도 않았다. 대신, 나는 그것이 스스로를 어떻게 가두고 제한하고 있는지를 보여 주었다. 그것에 대해 뭔가 변화를 주는 것은 그에게 달려 있다. 여기에서의 흥미로운 역설은, 변화의 선택은 온전히 그리고 유일하게 그에게 달려 있다는 것을 존중하는 나의 메시지로 인해 그 청소년은 심리적으로 그러한 선택을 할 수 있는 자유를 갖게 된다는 것이다.

그러나 여기에는 또 다른 것이 진행되고 있다. 상담자의 말에서 변화에 대한 강요가 배제되어 있을 때, 청소년은 자신에 대해 상담자가 하는 말을 방어하거나 거부하지 않고 듣거나 관심을 갖게 된다. 그는 선한 의도를 지닌, 강요하지 않는 타인이 자신을 어떻게 생각하는지에 대해 진정으로 관심을 갖게 된다. 이러한 접근은 청소년이 자신에 관한 부인하기 어려운 진실을 수용하게 하는 치료적 성과를 거두기 위한 장을 열어 준다.

심리치료에서 '허용'의 능력

'허용'의 역설적 힘을 처음 알게 된 것은 내가 10세 때의 일이다. 나는 친한 친구 집에서 하룻밤을 자도록 초대를 받았다. 하지만 고질적으로 부모님을 떠나 남의 집에서 자는 데 어려움을 겪고 있던 나는 그 결정을 두고 망설이고 있었다. 왜냐하면 또다시 밤 11시에 엄마에게 전화를 걸어 데리러 와 달라고 할까 봐 두려웠기 때문이다. 그러나 케시 집 뒷마당에 있는 조랑말과 그녀의 오빠들을 만날 것에 대한 기대감으로 나는 다시 시도해 보기로 결심했다.

나는 금요일 오후 엄마와 함께 케시 집 문 앞에 도착하였고, 늘 그래왔듯이 친구의 어머니가 나오셔서 그날 저녁이 얼마나 재미있을지에 대해 말해 주기를 기다렸다. 또한 엄마가 밤에 엄마를 불러대는 일이 없도록 약속하라고 재촉할 것을 기다렸다. 내가 그 약속을 지키지 못할 것이 뻔하지만.

그러나 케시의 어머니는 나의 예상과는 다르게 행동했다. 그녀는 나를 현관으로 데리고 가더니, 우리 엄마에게 돌아서서 차분하게 말하는 것이었다. "새슨 부인, 아마 이따가 또 뵙겠지요!" 나는 내게 집을 그리워할 수 있도록 허락해 준 이 지혜로운 여인을 뚫어지게 쳐다보았다. 그리고 나는 그날 내내 언제든지 집이 그리워져도 괜찮고, 그것은 이미 예상된 것이라는 생각을 하고 있었다. 그래서인지 그날 저녁 집이 그리워서 못 견디는 일은 일어나지 않았다. 엄마는 그날 저녁 처음으로 친구네 집에 나를 다시 데리러 오지 않아도 되었다.

누군가에게 변해야 된다는 압박감을 주지 않으면서 자신의 신념, 충동, 방어, 그리고 그 결과에 대해 주인의식을 갖도록 허용하는 것은, 요구하지 않았던 바로 그 변화를 촉진하는 강력한 힘이 있다. 이것은 바로 Carl Rogers[1)]의 무조건적인 수용에 근접한 개념이지만, 사람들이 자신의 필요를 그대로 가지고 있을 수 있도록 존중한다는 의미에서 조금 더 적극적인 개념이라고 할 수 있다. 타인을 조정하려는 시도가 아닌, 변화를 유도하기 위해 특별히 고안된 것이 아닌, 역설적 강요도 아닌, 개인과 그 개인의 선택에 대한 권한을 존중하

1) Rogers, C. R. (1979). *Client-centered therapy* (rev. ed.). New York: Houghton Mifflin.

는 것은 그 사람이 자신의 욕구를 방어하고, 선언하고, 자신의 선택을 고집할 필요에서 자연스럽게 벗어나도록 돕는다. 협박이 없는 상태에서 개인은 어떤 것이 효과적인지를 판단해 볼 수 있는 여유를 갖게 되고, 자율적인 변화를 주도할 수 있다.

청소년 상담에서 진정한 변화의 주체

대부분의 청소년 내담자에게 변화를 유발하는 것은 명령이나 통찰, 또는 상담자의 설득력 있는 혹은 상식적 논리가 아니다. 오히려 부모가 자녀에게 적절한 책임을 묻는 것이 자녀의 행동변화를 가져오는 경우가 있다. 부모는, 적어도 초기에는 그 정도의 변화에 만족해야 한다. 그러나 많은 부모가 자녀의 행동변화에 만족하지 못하고 태도의 변화까지 요구한다. 그러나 이러한 부모로부터의 압박은 청소년 내담자가 진정으로 감동하여 다르게 행동하거나 다른 방식으로 사물을 보게 하는 데 별 도움이 되지 못한다.

이보다는 오히려 다른 누구의 말도 듣지 않았던 청소년이 상담자의 말을 경청하게 하는 치료적 관계와 분위기를 조성하는 것이 더 효과적일 수 있다. 물론 상담자가 해야 할 말은 청소년이 듣고 싶지 않은 것일 수도 있다. 그러나 그것은 별 문제가 되지 않는다. 청소년이 상담자가 하는 말을 거부하거나 저항하지 않고 건설적인 영향을 받도록 자신을 열어 놓기만 한다면 말이다. 청소년은 상담자의 선의와 전문성을 수용하고 상담자의 메시지를 받아서 간다. 물론 겉으로는 상담자의 말이 대수롭지 않은 척할 수 있다. 그러나 그것을 완전히 무시해 버리지는 않는다.

어떤 말이 여기에 포함되는 것일까? 다른 어른들이 청소년이 보복할까 봐 두려워서 말하지 못했던 것, 혹은 어떻게 말해야 할지 몰랐던 것, 혹은 말해 주어야 한다고 인식하지 못했던 것 등이 여기에 속한다. 그것은 청소년의 성격, 관계, 민감성(감수성), 취약점 또는 감추어진 장점에 관한 것이다. 그것은 그들의 삶에 지대한 영향을 주는 것이지만, 모두가 생각하면서도 감히 말하지 못했던 부분이다.

물론 이것이 심리치료의 전부는 아니다. 일반적으로 심리치료 과정은 청소년의 행동조절과 통제, 가족체계의 재정비, 부모의 권위회복, 또는 부모가 덜 독단적 · 권위적이 되도록 하는 것, 청소년의 우울 · 불안 · 충동성에 대한 대처, 학교기반의 개입 지지, 가족 구성원 사이에 그들이 겪고 있는 고통에 대한 이해 유도, 힘겨루기 해소, 의사소통의 개선 등 각 가족에게 필요한 것을 정비해 나가는 것을 포함한다. 이 외에 누구의 말에도 귀 기울이지 않았던 청소년 내담자가 귀 기울이게 하는 분위기를 조성하는 것 또한 대단히 중요하다. 이것은 인간적인 치료에서 빼놓을 수 없는 측면이다. 상담자는 청소년이 세상에서 건강하게 자신을 드러내고 다른 사람과 긍정적인 관계를 맺는 데 도움이 되는 솔직함, 동정심, 그리고 건전한 행동에 대한 헌신을 경험할 수 있도록 길잡이 역할을 할 수 있다.

> 누구의 말에도 귀 기울이지 않았던 청소년 내담자가 귀 기울이게 하는 분위기를 조성하는 것은 청소년 상담의 중요한 측면이다.

색다른 관계

나는 가족치료자인 Carl Whitaker[2)]가 한 어떤 이야기를 들은 적이 있다. 마을 사람들이 한 남자를 다리 꼭대기에서 발견했다. 그는 뛰어내려 목숨을 끊겠다고 위협하고 있었다. 그 장소에 도착한 경관은 확성기에 대고 그 남자에게 내려오라고 명령했다. "싫어요."라고 남자가 대답했다. "들어 봐요. 당신은 지금 실수를 하는 거예요. 당신을 사랑하는 가족과 친구들을 생각해 봐요." 경관이 설득하려고 했다. 다리 위의 남자는 그 말을 무시하고 다리 끝으로 한 걸음을 더 옮겼다. "그러지 말아요. 당신 부인을 생각해 봐요!" 경관이 외쳤다. "나는 형편없는 남편이요. 내가 없는 편이 그녀에게 나아요." "당신 애들을 생각해 봐요!" "나는 형편없는 아버지요." "빨리 내려오지 않으면 쏴 버릴 테야!" 다급해진 경관이 참다못해 소리쳤다. 다리의 남자는 경관을 내려다보고는 다리에서 내려왔다.

솔직한 것이 통한 것이다. 자신의 진정한 감정이나 순간적 반응을 감추려고 할 때, 주위 사람과의 감정적인 교류는 막히게 된다. 그러한 감정적 교류가 이루어지지 않을 때 영향력 또한 사라진다. 사람들이 자신이 감정에 충실할 때—감정대로 행동하는 것과는 다르다—그들은 주위 사람에게 깊은 영향을 미칠 수 있다. 다리 위의 그 남자도 직감적으로, 형식적으로 그를 대하던 경관이 진심으로 그를 대하

2) Nell, J. R., & Kniskern, D. P. (Eds.). (1982). *From psyche to system: The evolving therapy of Carl Whitaker*. New York: Guilford.

기 시작한 것을 감지했을 것이다. 그래서 그도 진심으로 반응한 것이다.

이것은 청소년이 상담자나 부모에게 종종 격분하는 이유 중의 하나다. 성인이 상황을 진정시키고, 통제하고, 청소년을 침착하게 하는 일에 몰두할 때, 그들은 분통을 터뜨린다. 성인은 그들의 이성적이고 지혜로운 조력자의 역할과 그들이 느끼는 즉시적 반응을 통합하는 것을 어려워한다. 불안하거나, 놀라거나, 화가 나기도 하지만 그들은 그것을 드러내서는 안 된다고 생각한다. 그들은 외치고 싶다. "너에게 아무런 영향도 미치지 못한다는 것이 나를 몹시 두렵게 한다." 또는 "너무 화가 나서 말조차 할 수가 없지만, 아무 말도 하지 않기에는 네가 너무 소중하다." 그러나 그들은 부모나 상담자가 이런 종류의 말을 해서는 안 된다고 믿는다. 이런 성인은 침착함을 잃지 않으려고 하다가 위장병이나 두통, 불안발작 등을 경험한다. 청소년은 오로지 진정성—진정한 만남, 솔직한 모습—을 원한다. 그것이 부재한 상태에서는 청소년은 자신이 아는 유일한 방식으로 극적으로 반응한다.

수년 전 정서장애를 앓고 있는 청소년을 위한 주거형 치료시설에서 일한 적이 있다. 하루는 점심이라도 같이 먹을 생각으로 같이 일하던 동료의 사무실을 두드렸다. 넬은 문을 아주 조금만 열더니 지금 상담 중이라고 했다. 나는 알았다고 하고 점심을 같이 먹고 싶으면 상담이 끝난 후 연락하라고 했다. 넬의 뒤에는 13세 남짓의 소년이 경직된 자세로 의자에 앉아 있었다. 넬은 스스로를 굉장히 의식하고 있는 듯 보였고 재빨리 문을 닫았다. 사무실로 돌아오면서 나는 넬의 치료시간을 방해했다는 생각이 들었다. 나는 넬과 내가 심리치료에 대해 나누었던 대화를 떠올렸다. 나는 주로 청소년 내담자를 자신의 선택에 대해서 성찰해 보도록 부추긴 얘기, 학교에서 들은 재미난 이야기를 하면서 같이 웃었던 것을 얘기했었다. 그녀는 심리치료의 기준이나 중립성에 대서 주로 얘기를 했다. 내가 그녀의 방문을 두드렸을 때 그녀가 당황한 것은 어쩌면 당연한 일이었다. 넬은 내담자가 그녀가 점심을 먹으러 간다는 것, 누구와 간다는 것을 알게 된 것이 상담의 중립성을 훼손하였다고 생각하는 듯했다. 그러나 그런 임상적 분위기에서 청소년이 과연 편안하게 심리치료에 임할 수 있을까?

한번은 성적저하, 우울, 대마초 흡연 등의 문제로 부모가 치료에 데려온 15세 청소년을 다루고 있던 상담자에게 슈퍼비전을 준 적이 있었다. 그 아이는 치료에 대해 저항하고 침묵으로 일관했는데, 릭(상담자)이 음악, 휴가, 스포츠 등을 언급할 때만 살아나는 것처럼 보였다. 그러나 뭔가를 해 보려고 애쓰는 릭과 아무런 시도도 하지 않는 그 아이 사이의 대화에는 진전이 없었다. 릭은 그 아이가 말을 하도록 할 수 있는 다른 방도가 없을까 고민했다. "내담자에게 선생님이 마치 대화를 팔려고 안달이 난 세일즈맨처럼 느껴진다고 말하세요. 그의 흥미를 조금이라도 유발하기 위해 자동차에 대해서만 이야기 하고 싶지는 않다고. 하지만 그 밖에 어떻게 해야 할지를 모르겠고 매주 30분 동안 벽만 바라보고 있고 싶지 않다고도 말하세요. 그리고 그 내담자가 치료를 통해 무엇을 얻기를 원하는지, 그런 게 있기라도 한지 물어보세요."

"만약 원하는 게 전혀 없다고 하면 어떡하지요?" 릭이 물었다. "그렇다면 적어도 선생님은 내담자가 어떤 상태에 있는지 알게 되겠죠. 그렇다면 두 사람이 이제 어떤 척을 할 필요는 없겠고요. 그런 질문이 그 아이가 그렇게 느끼도록 조장하는 것은 아니에요. 오히려 내담자의 그런 상태에 대해서 알고 있는 편이 낫지요. 그러면 이제 내담자가 선생님과의 시간을 유용하게 쓸 방법을 찾거나 아니면 선생님이 부모를 모시고 와야 하겠지요. 아마 그의 부모님은 치료시간을 어떻게 사용해야 할지에 대해 생각이 많으실 걸요? 선생님이 내담자의 흥미를 유발하기 위해 혼자서 애써야 한다고 느끼지 않아도 돼요. 그러면 선생님은 그 내담자와의 상담시간을 피하고 싶어질 테니까요. 결국 이것은 '그'를 위한 치료이니까요."

"내담자에게 조언이든 뭐든 줘야만 할 것 같아서요." 릭이 말했다. "내담자는 선생님의 조언을 원치 않을 걸요. 조언을 하면, 아마 선생님이 자신과 자신의 메시지를 이해하지 못한다고 여길 거예요. 내담자가 보내고 있는 메시지를 먼저 다루어 주세요. 즉, 여기 있고 싶지 않고 치료가 자신에게 무슨 소용이 있는지 모르겠다는 메시지 말이죠. 그렇다면 선생님께서는 뭔가 진실한 만남이 일어날 수 있는 틈을 찾게 될 거예요. 심리치료란 진정한 만남에서 나오지요. 설령 그것이 치료를 받고 싶지 않다는 것일지라도 말이에요. 진실하게 관계하는 것을 배우는 것이 심리치료지요."

심리치료와 교육의 차이가 바로 그것인 듯하다. 심리치료는 경험을 통해 사람을 변화시키는 반면, 교육은 지식이나 기술을 전수함으로써 사람을 변화시킨다. 내담자가 요청하거나 반기지도 않는 충고를 상담자가 할 때, 그는 스스로 내담자에게 영향을 미칠 수 있다는 믿음을 저버리고 있다고 공포하는 것이다. 그것은 치료의 환경을 변질시키고, 치료를 단순히 정보를 제공하는 상담자와 마지못해 앉아 있는 학생의 관계로 변질시킨다. 이 과정은 서서히 불편한 마비 상태로 치닫게 된다.

체면을 세워 주는 것의 중요성

심리치료에 오게 되는 청소년 내담자의 상당수는 겉으로는 마지못해 하고, 무관심하고, 성을 잘 내는 것처럼 보이지만, 실제로 그들이 처해 있는 상황이 달라지기를 소원하는 경우가 많다. 그들은 갈등이 줄고, 분노와 슬픔과 혼란 등을 덜 느끼고, 형제나 부모에게서 덜 고립됐으면 하고 바란다. 문제는 어떻게 하면 스스로 그렇게 할 수 있는지 모른다는 것이다. 또 다른 문제는 그들이 자신의 체면을 잃고 싶지 않아 하는 욕구를 존중하고 고려한 변화의 방법을 제시받은 적이 별로 없다는 것이다. 상담자는 이 아이들이 수개월, 일 년, 혹은 그 이상의 시간에 걸쳐 자신의 세상을 보는 관점과 또 그들의 성공과 실패에서 자신의 역할에 대한 관점을 합리화하고 방어해 왔다는 것을 잊어서는 안 된다. 그들에게는 자신의 깨지기 쉬운 체면과 자율성을 지키면서 자신의 해묵은 이상에서 벗어날 수 있는 출구가 필요하다. 그런 출구를 발견할 때, 그들은 내심 더 유익하다고 여기는 방향으로 옮겨 갈 수 있다.

▲ 상담자는 청소년이 체면을 지키면서도 자신의 문제에서 벗어날 수 있는 방도를 찾을 수 있도록 도와야 한다.

효과적인 심리치료는 청소년이 이런 출구를 찾을 수 있도록 돕는다. 상담자가 자신의 체면에 대한 필요를 이해하고 자존감을 지켜 주면서도 문제—가족 관련, 대인관계, 습관, 학교 관련 문제 등—를 해결할 수 있는 방법을 찾도록 도와줄 수 있다는 것을 깨달을 때 그들은 형언하기 어려운 놀람과 안도를 드러낸다.

어떤 사람의 말로 잘 표현하지 못한, 또 자신도 깨닫지 못하고 있는 정서적 욕구를 누군가 이해해 주고 그것을 그 사람이 불편해하지 않는 건설적인 방법으로 다루어 준다면, 그는 그 사람에게 중요한 존재가 될 수 있다. 청소년의 이러한 특수한 욕구를 수용하고 고려하는 것은 그들을 궁지에서 벗어나게 한다. 청소년의 체면을 고려하지 않는 엄격한 접근방법은 오히려 그들의 반발을 사게 된다.

한번은 매기란 내담자를 상담하고 있었는데, 이런 문제를 인식하기까지 수개월이 걸렸다. 매기는 부모의 손에 이끌려 상담에 왔는데, 그녀의 부모는 딸의 무례함과 어둡고 비판적인 유머, 그리고 대인관계적 고립을 두고 염려하고 있었다. 매기는 긍정적이고 밝은 것을 경멸하고, 친절하고 옷차림에 신경을 쓰는 사람들을 무시하고 있었다. 그녀는 학교 친구들을 덜떨어진 '들뜬 애들'이라고 하면서 어울리기를 거부하고 있었다. 밝고 긍정적인 것을 어리석다고 보는 그녀가 과연 어떻게 밝아질 수 있을까?

내 예상대로 바로 이것이 그녀의 딜레마였다. 그녀가 기분이 좋을 때, 그런 편안한 심리상태를 수용하면서 친구들과 조금 더 어울릴 수 있다면, 그녀가 이미 치료 중에 선언한 자신의 입장을 타협한다는 느낌을 받지 않으면서 그렇게 할 수 있다면, 그녀의 신념을 존중하면서도 그것이 그녀에게 장애가 되는 측면을 다루는 것만이 그녀의 사교성과 지능에 대한 경직된 '교리'—긍정적인 태도는 모자란 것이라는—에 영향을 주고 그녀의 우울감을 효과적으로 다룰 수 있는 방법이었다. 그녀가 그런 것을 정말로 철저하게 믿고 있다고 생각하지는 않았지만, 그것은 모르는 일이었다. 하지만 정말 문제는 그녀가 자신의 슬프고, 시무룩하고, 뾰루퉁한 상태를 친구를 원하지 않는(없는) 구실로 삼고 있다는 것이었다.

모든 사람이 체면에 대해 걱정하는 것은 아니다. 만약 내담자가 조금 더 관계적이고, 생기발랄하고, 자신의 관점을 발전시키는 데 관심이 있다면 나는 아마 다른 접근을 했을 것이다. 아마 그가 가진 전제를 치료 초기에 반박했을 것이다. "말도 안 되는 소리! 사람이 밝고 긍정적이면서 동시에 똑똑할 수 없다고? 그런 사람이 있다면 한번 예를 들어 볼래? 내담자와 나는 각자 자신이 선택한 사람의 예를 들었을 것이고, 그가 어떻게 해서 그런 신념을 갖게 되었는지, 또 심리적 유연성이 필요한 부분이 어디인지에 대해 함께 살펴볼 수 있는 기회를 가졌을 것이다.

릴리는 또 다른 내담자였는데, 그녀는 매기보다 조금 더 나이가 많았다. 그녀는 변화에 대한 상당한 주저함을 가지고 있었는데, 그 이유는 다른 사람이 자신의 변화를 마침내 그녀가 제정신을 차렸다고 여기는 것이 싫어서였다. 매기만큼 우울감을 경험하고 있기는 했지만 훨씬 더 관계적이고 자신의 이야기를 잘 털어놓는 릴리는 다른 사람의 호감을 잃지 않기 위해서는 어떤 경우에도 명랑함을 유지해야 한다는 어머니의 훈계 때문에 힘들어하고 있었다. 그녀는 이런 지나치게 낙천주의적인 충고를 경멸하면서 자랐다. 또한 어머니의 조건적인 사랑과 자신이 어머니가 원하는 딸이 안 되었을 때의 어머니의 애정철수에 대한 암묵적인 위협을 증오했다. 그녀는 어머니에 대한 반항의 일환으로 우울하고 고립된 생활을 지속하고 있었다. 어떻게 하면 그녀가 자신의 밝은 측면을 드러내면서도 그것이 어머니가 오랫동안 기다려 온 바로 그 명랑한 얼굴이 아니라고 느낄 수 있을까?

불쌍한 릴리. 그녀는 그렇게 할 수 있는 방법을 몰랐다. 그녀는 무엇이 자신을 얽매이고 있는지 이해했고, 스스로 우울감에서 탈출할 수 있다는 것도 알았다. 그러나 그녀는 그것이 자신의 체면을 손상할 것이라고 여겼기에 원래의 상태에 머무르기로 선택했다.

이것은 그동안 내가 같이 작업했던 다양한 내담자의 심리치료에 관한 이야기다. 또 다른 상담자라면 같은 내담자를 치료했더라도 아마 다른 이야기를 할 것이다. 우리는 각자 다르게 사물을 보고, 대인관계 경험 중 가장 우리의 주목을 끄는 측면을 선별하여 이야기한다. 다음 장에서 독자는 이 같은 청소년과 함께 일하면서 내게 가장 깊은 인상을 남겼던 것에 관해서 듣게 될 것이다. 개인적으로 나는 치료 초기에 가장 많이 주저했던 청소년을 좋아한다. 왜냐하면 진정한 자신을 발견해 나가고, 다른 사람에게 자신을 개방해 가는 과정에서 느끼는 친밀감을 통한 감정적 정화와 환희를 깨달을 때, 가장 멀리 여정을 가는 것이 바로 이 아이들이기 때문이다.

반대쪽에서 바라보기: 청소년은 심리치료를 어떻게 경험하는가

■ 치료관계의 어려움을 초래하는 청소년의 태도와 발달적 욕구

"네가 전혀 모르는 사람과 한방에 들어가서 네 인생에 관한 모든 것을 말해야만 해. 그건 너무나 멍청한 짓이지. 생각해 봐. 그 사람이 도대체 누구지? 그리고 그들은 언제나 정말로 너를 염려하는 척을 하지. 너에 관해서 아는 것이 없는데도 말이야."

–마이클, 16세

"그들은 언제나 이렇게 묻지 '그래, 너는 거기에 대해 어떻게 느끼니?' '그래서 너는 어땠니?' 이런 바보 같은 질문들 말이야. 나와 엄마가 휴가를 재미있게 보내기는커녕 휴가 내내 서로 싸웠다면 내가 뭘 느낄 거라고 생각하는 거지? 어휴 정상적인 대화 대신에 이런 질문이나 받는 것은 정말 못 견디겠어!"

–킴, 14세

"마치 그들은 어떤 감정도 느끼지 않으려는 것 같아. 글쎄, 그냥 이상해. 그들은 정상적인 사람들이 아닌 것 같아. 내가 상담자에게 재미있었던 일을 말하면 그녀는 무표정한 얼굴로 그냥 앉아 있을 거야. 한번은 상담회기의 반 이상을 울었던 일이 있었는데, 그녀가 한 것이라곤 그냥 내가 얼마나 슬펐을까라고 말한 것뿐이야. 농담이 아냐. 달리 할 말이 떠오르지 않았던 걸까?"

–안젤라, 17세

거짓. 비정상. 좌절감. 그러나 안타깝게도, 아마 이들의 상담자는 그들이 내담자에게 효과적으로 공감하고, 도움이 되고, 내담자에게 필요할 때 곁에 있어 주었다고 생각할 것이다. 그러나 그들의 내담자는 그렇게 느끼지 않았다. 어딘지 모르지만 상담자와 내담자의 관계는 엇나가 버렸다.

상담자는 청소년 내담자가 필요로 하고 원하는 서비스를 제공하기 위해 노력해야 한다. 그러나 청소년 내담자의 기분 개선과 기능 향상에 필요한 것과 그들이 실제로 원하는 것이 일치하지 않을 때가 많다. 예를 들어, 청소년은 상담자가 자기 부모에게 간섭하는 것을 멈추라고 말해 주기를 바란다. 그러나 상담자는 그렇게 하지 않는다. 청소년은 혼자서 상담자를 만나고 싶어 한다. 그러나 상담자는 부모가 회기 중에 같이 있어야 한다고 생각한다. 대부분의 경우에 이런 차이는 어느 정도 극복이 되고 심리치료는 진전을 본다. 그러나 잘 극복이 되지 않는 것은 상담자와 내담자 간의 라포(관계)에서의 무수한 균열이다. 이러한 균열은 유용한 대화가 진행되고 있는 듯 보이는 가운데, 갑자기 또 미세하게 일어난다.

이런 관계 균열의 책임은 상담자나 내담자 혹은 둘 다에게 있다. 상담자가 너무 무표정한 얼굴을 하고 있었을 수도 있다. 청소년이 자신의 히스테리에 압도되어 있었을지도 모른다. 상담자가 이렇게 말했으면 좋았을 수도 있다. "너는 지금 너무 많은 감정을 느끼고 있어서 내가 말하는 감정을 끼워 넣을 틈도 없겠지!" 그러나 상담자는 그렇게 하지 않았다. 청소년 내담자가 이렇게 말했으면 이상적이었을 것이다. "나랑 같이 웃거나 울거나 해 줄 수 없어요? 나는 혼자된 것 같은 느낌이에요." 그러나 청소년은 그렇게 말하지 않았다. 아마 그렇게 할 수 없었을 것이다. 혹은 상담자가 물었던 어리석은 질문이나 내담자의 가차 없는 경멸의 눈초리가 관계의 균열을 가져왔을 수도 있다. 상담자가 내담자에게 이렇게 말하지 못한 것이 아쉽다.

"내가 무슨 생각으로 그런 질문을 한 거지? 그건 없었던 것으로 하자." 혹은 "내가 이런 태도를 보일 때 뭔가 말하는 것이 쉽지 않지요?"라고 내담자가 받아서 말한다면?

이런 말은 충분히 할 수 있는 것이다. 이것이 이 책의 핵심 포인트다. 그러나 상담자와 내담자의 관계에서의 균열은 상담자가, 심리치료를 받는 것이 청소년에게 과연 어떻게 느껴질지를 깊게 숙고해 보았다면 사전에 피할 수 있는 것이었을지도 모른다. 대부분의 상담자는 상담과정에서 예상되는 충돌과 갈등에 대하여 자율성, 독립성, 자기조절과 같은 청소년의 발달에 수반되는 개념에 대하여 장시간 이야기할 수 있을 것이다. 그러나 그 충돌이 구체적으로 어떤 특정하고 세밀한 방식으로 표현될지에 대해서는 모호하게 남겨 두는 경향이 있다.

이런 충돌에서의 상담자의 역할은 다음 장에서 논하기로 하고, 이 장에서는 청소년의 자신과 타인을 보는 핵심적 · 편견적 태도에 대해 이야기하기로 한다. 이러한 편견적 태도는 청소년이 심리치료를 활용하는 데 막대한 영향을 준다. 이런 태도의 타당성을 논하는 것은 별 소용이 없다. 왜냐하면 청소년은 이미 그것이 타당하다고 느끼고 그것에 따라 행동하기 때문이다. 상담자가 청소년의 그런 태도를 존중하는 분위기를 형성하고, 내담자의 방어가 아닌 호기심을 유발하는 방법으로 그것을 다룰 수 있다면 그것은 무용지물이 될 수 있다. 청소년의 편견적 태도를 반드시 변화시켜야 하는 것은 아니다. 목표는 그것이 심리치료에 방해가 되지 않도록 하는 것이다.

치료관계의 어려움을 초래하는 청소년의 태도와 발달적 욕구

어떤 청소년은 그들의 행동이나 태도에 변화를 줄 때 그것을 상담자의 눈 밖에서 은밀하게 하고 싶어 한다

이 개념은 체면의 이슈와 관련이 있다. 여러 주, 여러 달에 걸쳐 자신의 방식을 고집해 온 청소년에게 변화란 민감한 주제다. 특히 자신이 맞는 것을 대단히 중요하게 여기고, 유달리 반항적이거나 적대적인 성향이 있는 청소년에게는 더욱이 그렇다. 이들이 가장 꺼리는 것은 상담자(또는 부모, 학교관계자) 앞에서 변하려고 노력하는 모습을 보이는 것이다. 청소년의 관점에서 보면, 이렇게 하는 것은 "네, 당신이 맞고 내가 틀렸어요."라고 말하는 것이나 다를 바 없다. 청소년 내담자는 상담회기 밖에서 변화를 도모하는 것을 선호할 것이다. 몇 주 동안 그들은 자신이 원래 가지고 있던 사물을 보는 관점을 그대로 신봉하는 듯한 인상을 주면서 이전과 똑같은 방식으로 말하고 행동할 수도 있다. 그러나 그들은 아무도 주목하지 않는 곳에서 새로운 방식으로 생각하고 말하고 반응하는 시도를 할 수 있다. 상담자는 상담회기처럼 너무나 드러나는 곳이 아닌 다른 곳에서 청소년의 변화 조짐을 찾아보아야 한다. 청소년이 자신의 방식(만)이 올바른 방식이라고 고집하기를 멈추었다는 것은 그가 자신의 기존 방식을 재고하고 있다는 충분한 신호일 수 있다. 그런 경우, 나는 부모에게 자녀의 행동이나 태도에서 어떤 변화를 느꼈는지 물을 것이다. 만약 그렇다고 한다면, 나는 그들에게 자녀의 변화를 너무 크게 부각하지 말고 "이번 주에 학교 과제를 잘했네."라고 가볍게 지나치는 투로 말해 주라고 충고한다. 만약 부모가 기대한 만큼 변화가 빨리 나타나지 않는다고 불평한다면, 현재로서는 변화의 방향이 바뀌는 것이 변화의 정도보다 더 중요하다고 설명해 준다. 그리고 그들의 자녀가 자신의 변화가 스스로 결정한 것이라는 것을 느낄 수 있도록 기회를 주라고 제안한다.

부모에게 이런 말을 할 때 나는 주로 자녀가 함께 있는 데서 한다. 그들에게 당신의 자녀가 새로운 시도를 할 때 다른 사람이 지켜보거나 점검하지 않는 곳에서 남모르게 하기를 원하는 아이인지도 모른다고 설명한다. 이것이 당신 자녀의 방식이라고 설명하면서 자녀가 책임감을 가지고 해야 할 일을 하고 있는 한 이러한 방식을 존중할 필요가 있다고 말한다. 더 나아가서 자녀가 달라지는 것을 목격하더라도 그들이 당황하지 않도록 그것을 너무 크게 부각하지 말라고 제안한다. 그리고 나는 그들의 자녀를 보며 '괜찮지?'라는 의미의 미소를 짓는다. 하지만 그들의 대답을 기다리지는 않는다. 왜냐하면 그것은 대답을 강요하는 것이 되기 때문이다. 이 시점에서 나는 그런 식으로 강요하기를 피한다.

어떤 청소년은 단순히 내성적인 성격 때문에 공공연하게 변화를 나타내는 것을 꺼린다. 내성적이지만 자존심이 강한 15세 헬렌은 대마초를 피우다가 부모에게 들켜서 심리치료를 받으러 왔다. 이 소녀야말로 모든 치료적 '작업'을 상담실 밖에서 한 청소년에 속한다. 아마 이것이 이유였겠지만 대마초 흡연 이외에 그녀는 어머니에게 공격적인 태도를 보였고 학교성적 또한 떨어진 상태였다. 가족치료 회기에서 드러난 것인데, 그녀의 어머니는 딸에게 지나치게 간섭하고 있었고, 아버지는 자녀양육에 대해 자신감을 상실한 상태였다. 회기 중에 주로 말을 한 것은 그녀의 부모와 수다스러운 세 언니였다. 헬렌은 스스로 말할 것이 있지 않은 한 다른 사람이 아무리 말을 시키려고 해도 듣지 않았다. 그녀의 말은 언제나 통찰력이 있고, 조리 있고, 적절했지만 정작 자신의 문제와는 직접적인 상관이 없는 것이었다.

헬렌의 자신의 가족역동에 대한 이해와 그녀의 타고난 명석함, 또 강한 자기의식과 독립성은 그녀가 스스로 어떤 변화가 필요한지를 알고 있다는 것을 분명하게 보여 주었다. 그녀는 대마초를 끊고, 새로운 친구를 사귀고, 어머니에 대한 적대적인 태도를 버리고, 학교 공부에 집중해야 했다. 이런 것을 어떻게 해야 하는지 그녀는 이미 알고 있었기에 나에게서나 심리치료에서 새로 배워야 할 것은 없었다. 대신에 그녀에게 필요한 것이 두 가지 있었다. 하나는, 헬렌에게 어머니가 간섭하지 않는 자기만의 공간이 더 필요하다는 것에 대한 어머니의 이해였고, 또 하나는 자신의 문제를 해결하지 않으면 앞으로 부모에게서 더 심한 간섭을 받게 될 것이라는 헬렌 스스로의 자각이었다. 헬렌에게는 특히 후자가 견디기 어려운 것이었기에 그녀는 스스로 자신의 문제를 해결하기로 선택했고, 또 잘 해결해 나갔다. 그녀는 자신의 어려움이나 잘못된 선택에 대해 치료 중에 공공연하게 이야기하지 않았다. 또한 개인 심리치료도 거부했다. 하지만 그녀는 은밀히 나아졌고, 그것으로 충분했다. 내가 만약 그녀가 다른 아이처럼 변해야 한다는 잣대를 적용했더라면 나는 그녀의 어머니의 관례적인 방식을(그녀의 어머니와 언니들이 하는 방식) 반복하는 역동을 재연했을 것이다. 그렇다면 나는 아마 내담자를 놓쳤을 것이다.

헬렌과는 다르게 민디는 헬렌에게 필요하지 않았던 모든 것을 필요로 했다. 그녀는 치료회기 동안 일상적인 일에 대한 자신의 반응을 더 잘 조절하고 자신의 심한 불안감에 더 잘 대처하기 위해 필요한 것에 집중했다. 그녀는 헬렌과 같은 나이였는데 헬렌과 비교해서 미숙하고 자신감과 독립성이 떨어지는 아이였다. 그녀는 어른들의 지지를 구했고, 나와 부모의 피드백에 의지하는 것에 대해 창피하게 여기지 않고 편안해했다. 내담자는 치료에서 자신에게 어떤 종류의 관계가 필요한지 상담자에게 알려 준다. 상담자가 해야 할 일은 그것에 귀 기울이는 것이다.

내담자는 치료에서 자신에게 어떤 종류의 관계가 필요한지 상담자에게 알려 준다. 상담자가 해야 할 일은 그것에 귀 기울이는 것이다.

많은 청소년은 그들의 변화에 대해 공공연하게 축하해 주는 것을 불편하게 여긴다

만약 청소년 내담자가 스스로 심리치료를 찾았고 논의되고 있는 주제에 동의한다면 그 과정에 동행하고 있는 사람들에게서 자신의 변화에 대하여 인정과 칭찬을 받는 것 이상으로 기쁘고 또 그 변화를 견고하게 하는 것은 없을 것이다. 그러나 마지못해 불평하면서 개선을 하고 있는 청소년을 상담자가 격려한다면 하던 것도 멈추게 되는 역효과를 불러올 수 있다. 그것은 청소년의 변화가 결국 상담자가 시켜서 한 것이라는 느낌을 줄 수 있다. 청소년은 자신의 것이 아닌 상담자의 것이라고 여겨지는 것에 대해 칭찬받기를 바라지 않는다.

마이클은 지난 몇 주간 부모가 정한 통금시간이 17세라는 자신의 나이에 어울리지 않을 뿐 아니라 그 시간까지 집에 들어오는 것은 무리라고 항의해 왔다. 그의 부모는 그런 아들의 항의에 꿈쩍도 하지 않았고 그가 늦게 들어오는 것에 대해 벌을 주기 시작했다. 결국 부모의 자동차와 인터넷 사용권을 잃어버린 마이클은 겨우 통금시간에 맞추어 집에 들어오고 있었다. 나는 마이클의 부모에게 아들이 정해진 시간에 귀가하는 것을 크게 부각하지 말라고 제안했다. 대신에 아들에게 정시에 들어와 줘서 고맙다고 간단히 말하고 이제 자동차와 컴퓨터를 사용해도 좋다고 말해 주라고 했다. 그것뿐이었다. 만약 아들의 정시 귀가에 대해 크게 과장한다면 그가 자신이 17세라는 것을 다시 주장할 필요를 일깨워 주는 것이 될 수 있다.

또한 청소년의 변화에 대해 과도하게 칭찬하지 않는 것은 그가 어쩔 수 없는 외부 규제 때문에 변하고 있다는 것을 묵인해 주는 역할을 한다. 이것은 청소년이 자신의 행동의 변화가 다른 사람의 (부당한) 요구에 응한 것이라는 딜레마에서 그들의 체면을 지켜 줄 수 있다. 이것으로 충분하다. 〈It's Her Fault(그녀의 잘못이야)〉라는 훈련교재(녹음테이프)에서 해결중심 상담자인 Insoo Kim Berg[3]는 상담자가 내담자의 파괴적인 행동에 대해 스스로 책임을 지도록 요구하는 것이 때로는 내담자에게 큰 부담일 수 있다고 언급하고 있다. Berg는 군인으로 아내를 학대해 온 자신의 한 내담자에 대해 말하

3) Berg, I. K. (1994). *It's her Fault (Audiotape)*. Milwaukee, Wisconsin: Brief Family Therapy Center.

면서, 그가 아내에 대한 구타를 멈춘 것은 오로지 상관이 그 일에 개입되는 것을 원하지 않았기 때문이며 그것으로 충분하다고 했다. Berg는 그 내담자가 자신의 위신을 지킬 수 있도록 세심하게 배려했는데, 만약 그렇지 않았더라면 그는 집안의 우두머리라는 것을 느끼기 위해 아내를 구타해야 하는 자신의 필요에 대한 상담자의 지적을 받아들이지 않았을 거라고 말했다. Berg는 자신의 폭력 사용을 아내 탓으로 돌리는 내담자의 신념을 바꾸도록 강요하지 않으면서, '자기조절' '훈련' 등을 중요시하는 내담자가 그런 가치관을 변화의 도구로 사용할 수 있도록 도운 것이다.

어떤 청소년은 자신의 변화가 반드시 스스로 선택한 것이라고 느껴야만 한다

만약 당사자 청소년 외에 다른 누군가가 그에게 학교로 돌아가고, 여름 아르바이트 자리를 구하고, 담배를 끊기를 원한다면—설령 그 청소년도 똑같은 것을 간절히 원한다고 할지라도—이미 그 생각은 오염된 것으로 여겨져서 거부당할 위험이 있다. 이것이 바로 상담자, 부모 또는 다른 사람이 당사자보다 더 변화를 원하는 것이 그다지 효과적이지 않은 이유다. 물론 그들이 간절하게 변화를 바라는 마음은 이해할 수 있다. 그러나 그러한 절박한 마음이 변화에 대한 강요로 이어진다면 그 청소년은 변화에 대한 동기를 잃어버릴 수 있다. 이것을 단순히 청소년의 '반항'이라고 말하는 사람도 있지만 이것은 반항을 위한 반항이라기보다는 청소년의 자율성과 관계가 있다.

그렇다면 청소년 내담자에게 부모의 염려를 성가신 변화명령으로 보고 방어하는 이유를 성찰해 보라고 하는 것이 과연 효과가 있을까? 예를 들어, "남들이 그렇게 하기를 바랄수록 더 그렇게 하기가 어려운 이유가 뭐니?"라는 추궁하는 듯한 질문을 한다면 아마 "잘 모르겠는데요."라는 식의 답변을 듣게 될 것이다. 그것은 지루한 질문이고 심리치료를 지루하게 만든다. 그보다는 청소년 내담자가 자신의 '변화 스타일'에 흥미를 느끼게 하는 것이 더 생산적이라고 생각한다("너는 다른 사람이 네게 원하는 것이라면 곧 죽어도 싫어하는구나. 마치 그것이 오염이라도 된 것처럼 말이지."). 이런 접근방식은 청소년이 자신의 스타일을 버려야 한다는 부담감을 느끼지 않고 그것에 대해 말할 수 있도록 한다. 어떤 주제에 대해 이야기할 때마다 그것에 대해 무언가 행동을 취해야만 한다는 부담감을 느낀다면 편하게 이야기하기가 어렵지 않을까? 아마 대부분의 사람은 어떤 말을 해야 할지 조심할 것이다.

이것이 심리치료에서 청소년이 말하는 것을 경계하는 이유다. 그들이 어떤 주제를 꺼내면 상담자는 그것을 기회로 그들이 그 부분에서 변해야 한다고 할 테니까. 그러나 부담감이 없는 대화에서는 상담자가 과도하게 내담자를 분석한다는 느낌을 주지 않으면서도 내담자의 스타일의 장단점을 언급할 수 있는 기회가 드러난다. "이것이 정말 너에게 도움이 된다고 확신하니?" 이럴 때 내담자는 아래를 보며 "글쎄, 잘 모르겠어요."라고 말한다. 그는 아직 대화의 문을 닫지 않았다. 대신에 그는 상담자에게 도움을 요청하는 조용하고도 아름다운 초대를 하고 있는 것이다.

이것은 외부적 강요에 의해 어쩔 수 없는 경우에만 변화를 하는 청소년과는 대조적이다. 이런 유형의 청소년은 대마초를 끊으면서도 사람들에게는 여전히 그것이 아무런 문제라고 생각하지 않지만 자신은 단지 더 이상 성가신 일을 만들기를 원치 않을 뿐이라고 말한다. 아무려면 어떤가. 어떤 청소년은 변화하기 위해 정반대의 경험이 필요하다. 그들은 자신이 변한 것은 그렇게 할 수밖에 없었기 때문이라고 말하고 싶어 한다.

청소년은 얼핏 보면 부적절한 논리에 근거해 선택과 결정을 하는 듯하지만 그들의 심리와 개인적 경험에 비추어 보면 그것은 이해 가능한 것이다

청소년 나름의 논리를 무시하는 것은 그들을 화나게 한다. 그것은 또한 그런 논리의 배경이 되는 그들의 사고방식, (개인적) 역사, 세상에 대한 신념 등을 무시하는 것이기도 하다. 그런 논리가 나오게 된 청소년의 사고와 심리적 맥락을 고려해 보면, 그것이 적절한 것으로 보일 수도 있다. 이런 관점의 결여는 상담자와 청소년 사이에 불필요한 갈등을 유발할 수 있다.

프래니는 한 달이면 17세가 되는 내담자였다. 그녀는 운전면허증을 취득할 수 있는 11개월이라는 시간이 있었지만 그동안 부모가 운전면허 시험장에서 들고 온 책자를 들추어 보지도 않았다. 아무도 그녀가 왜 아직도 운전을 하지 않는지 이해하지 못했다. 그것에 대해 물으면, 그녀는 너무 바빠서 면허시험 공부를 할 시간이 없다거나 눈이 너무 많이 내려서, 또는 도로에 너무 습기가 많아서 운전교습을 받기에 적합하지 않다는 핑계를 댔다. 그것은 별로 설득력 없는 이유였다.

누구도 짐작하지 못했던 것은 프래니가 성인이 된다는 것에 가진 독특한 생각이었다. 프래니는 한 부분에서 성인이 된다는 것은 다른 모든 부분에서도 성인이 되어야 하는 것이라고 생각하고 있었다. 그녀는 자동차 운전을 배우고 더 이상 어머니나 아버지가 태워 주는 차를 타지 않는 것은 곧 다른 것도 부모에게 요청할 수 없게 되는 것이라고 생각했다. 예를 들어, 부모의 조언이나 위로, 또는 늦은 밤 부모와 같이 보내는 시간 등 말이다. 그녀의 생각은 틀렸지만 실제로 작동하고 있었고, 이런 완전한 독립에 대한 무의식적인 두려움은 그녀가 아주 작은 부분에서 독립적이 되는 것을 방해하고 있었다.

이렇게 얼핏 보기에 모순적인 논리의 배경이 되는 진짜 이유를 발견하는 것은 쉽지 않은 일이다. 상담자는 탐정이 되어야 한다. 내담자의 내면세계를 엿볼 수 있는 단서는 풍부하다. 치료 중에 프래니는 운전을 하지 않는 것이 아직 어린아이로 남아 있을 수 있는 유일한 방법이라고 스치는 듯 말했다. 그녀는 또한 다른 운전하는 친구들은 이미 진학할 대학을 살펴보고 있다고도 했다. 또 한번은 회기 중에 아버지를 향해 자신이 운전을 하고 다니기 시작하면 챙기고 돌봐 줄 또 다른 딸을 찾아봐야 할 거라며 빈정거렸다. 나는 프래니가 있는데서 그녀의 부모에게 프래니는 부모가 태워 주는 차를 타지 않는다는 것이 앞으로 부모에게 포옹이나 조언, 함께 시간 보내기 등도 요구할 수 없는 것이라고 믿는 듯하다고 했다. 그 순간 나를 보는 프래니의 눈시울은 젖어 있었다. 나는 그녀에게 내 말이 맞느냐고 물었다. 그녀는 자기 부모를 돌아다보고는 다시 나를 향해 어깨를 들썩였다. 답은 그것으로 충분했다. 나는 그녀에게 미소를 지으면서 왜 그렇게 느끼는지 이해할 수 있다고 했다.

프래니의 부모는 그녀에게 필요한 것이 있으면 언제든지 요청해도 된다며 그녀에게 '현실'을 일깨워 주려고 했다. 나는 그들을 잠시 멈추게 하고, 프래니는 자신이 삶의 한 부분에서 성인이 된다고 해서 다른 모든 면에서도 성인이 되어야 하는 것은 아니라는 것을 머지않아 깨닫게 될 것이라고 말해 주었다. 하지만 지금은 그저 얼마나 오랫동안 그녀가 그런 식으로 생각해 왔는지 부모가 이해해 주기를 바랄 것이고 그녀의 관점에서 본다면 그녀가 운전면허증 따기를 미뤄 왔던 것이 이해가 된다. 그러나 이제 그녀가 계속해서 그렇지는 않을 것이라고 덧붙였다.

이 심리치료에서 중간 부분(훈습단계)—프래니가 자신이 가지고 있던 실제 가치관을 과거, 현재 그리고 미래의 상황에 비추어 점검해 보는—은 빠져 있다. 그것은 불필요했다. 그런 작업은 오히려 하면 해가 되는 상황이었다. 프래니는 자기 문제를 이해했고, 그것은 그녀가 자기 행동에 변화를 주기에 충분한 심리적 깨달음이었다. 나는 청소년이 보기에는 단순한 이런 순간을 치료에서 경험한 후 얼마나 빈번히 그리고 쉽게 자기 삶에 필요한 변화에 대한 책임을 감당해 가는지 목격할 때마다 놀라게 된다. 적은 것이 더 충분한 경우다. 이런 면에서 심리치료는 단기적일 수 있다. 진실함이 있는 관계는 자기성찰을 촉진하고, 자기성찰은 방어기제를 느슨하게 하여 변화를 촉진한다. 내가 하는 청소년 상담의 대부분은 몇 회기로 끝난다. 청소년이나 부모가 자신의 문제를 이해할 때, 대부분은 스스로 그 이후의 과정을 수행해 나갈 수 있다. 물론 때때로 중간 점검이 필요한 경우도 있지만 말이다.

어떤 청소년은 자신이 '맞다'는 것을 매우 중요하게 여겨서 자신의 관점에 오류가 있다는 것을 알면서도 인정하기 힘들어한다

사람들은 어떤 생각이나 관점을 고집할 때가 있다. 스스로 그것이 꼭 옳다고 생각해서가 아니라 다른 사람이 그렇게 여기기를 바라기 때문이다.

셰인이 바로 그런 아이였다. 그는 늘 그랬다. 어떤 것이든 자신이 틀렸다는 것을 인정하기 싫어서 억지 논리를 써서라도 자신의 관점이 맞다는 것을 증명해 보이려고 했다. 그런 억지 논리가 통하지 않을 때는 사실을 조작하기도 했다. 그것도 통하지 않으면 사람들의 환심을 사서라도 자기편을 만들려고도 했다. 이 모든 것이 통하지 않는다는 것을 깨달았을 때는 이미 어리석어 보이지 않으면서도 자신이 틀렸다는 것을 인정하기에는 늦어 버린 경우가 많았다. 자신의 모든 것이 잘못되었다고 느끼고 있었던 그가 자신이 '옳다'는 것을 포기하는 것은 어려운 일이었다.

셰인과 같은 청소년에게 '깨달음'을 주려고 하는 상담자는 십중팔구 그들과 힘겨루기에 빠지고 말 것이다. 이런 청소년에게 필요한 것은 자신이 '잘못됐다'는 수치심에서 벗어날 수 있는 방법이다. 상담자는 "네가 이런 일에 그렇게 고집은 부리는 것을 보는 것이 정말 안타깝구나. 마치 네게 가장 중요한 것은 진실보다도 네가 옳다는 사실인 것 같아."라는 말을 할 수도 있을 것이다. 또 다른 경우는

"너를 보면, 자신이 틀렸다고 생각되거나 다른 사람이 그것을 발견할까 봐 두려워하는 어떤 아이가 떠올라. 그 아이는 사실 불안해서 어쩔 줄 모르고 자신에 대해 깊은 모욕감을 느끼지. 마치 자신이 기괴한 모습을 하고 있는 것처럼 말이야. 너는 그렇게 느껴 본 적 없니?"라고 말할 수 있다.

어떤 아이는 고개를 숙이면서, '있어요'라는 의미의 어깻짓을 할지도 모른다. 그 대화를 계속해서 끌고 갈지 다음으로 넘길지는 상담자의 판단이 필요하다. 또 다른 아이들은 속으로는 '아마도요. 하지만 지금 그걸 인정하기는 싫어요.'라고 생각하면서도 겉으로는 머리를 좌우로 흔들면서 아니라고 할 수도 있다. 그런 경우에 상담자는 그것을 더 이상 다루지 않고 다음으로 미루어 둘 수 있다. 또 다른 아이들은 확신에 찬 목소리로 "없어요."라고 말할 수 있다. 그렇다면 상담자는 자신이 잘못 추측한 것이라는 것을 알 수 있다. 그럴 때는 상담자가 어떻게 잘못 생각한 것인지 물어보는 것도 방법이다. 어떤 질문을 했더라면 더 좋았을지 의견을 물어볼 수도 있다. 그들의 관점이 적절하지 않다는 것이 증명됐는데도 자신의 주장을 굽히지 않는 데는 어떤 감정이 숨어 있는지 물어볼 수도 있다.

어떤 청소년은 스스로 자신의 문제를 해결하지 않는 한 가치가 없다고 믿는다

14세 소녀 킴은 내 사무실에 절망적인 모습으로 앉아 있었다. 그녀는 내가 근래에 본 아이 중에 가장 문제가 심각했다. 학교성적은 엉망이었고, 부모의 규율도 통하지 않았고, 그녀의 세 언니로부터도 소외되었고, 친구도 없고, 남자 아이들은 그녀를 정서적 또 성적으로 이용하고 있었다. 게다가 그녀는 음주와 흡연을 하고 있었고 원하는 것도 방향성도 아무것도 없는 그런 상태였다. 심리치료도 도움이 되지 않았다. 집에 들어오는 것도 불규칙해서 규칙적인 약물복용도 지켜지지 않았다. 그녀의 학교상담교사도 학교에서 할 수 있는 모든 방법을 시도해 보았지만 소용이 없었다. 킴의 부모는 그녀를 집에서 관리해 보려는 노력이 수포로 돌아가자 체류치료시설에 딸을 보내야 할지를 고민하고 있었다. 우리는 그녀가 가족, 친구 그리고 상담자인 나에게서 자신을 고립하고 있는 것에 대해 이야기했다. 킴이 말했다. "그렇게 해야만 해요. 모든 사람을 밀쳐 내야만 해요." "왜 그래야 하지? 그것도 늘?" "너는 다른 사람이 너를 돕는 것이 싫으니?" 내가 물었다. "비슷해요. 그건 가치가 없어요. 만약 누군가의 도움을 받아서 내가 나아진다면, 그것은 별 소용이 없어요. 나 혼자서 이것을 해야만 해요." "소용이 없다니?" 나는 진정으로 혼동이 되었다. "만약 그렇다면, 나는 진짜로 좋아지는 게 아니에요. 다시 이전의 상태로 돌아가게 되어 있어요. 내가 스스로 고쳐야지만, 그게 진짜예요." "만약 네가 스스로 고칠 수 없다면?" "할 수 있어요." "내가 보기엔 더 이상 할 수 없을 것 같은데." "흠, 그렇다면 이런 엉망인 상태로 계속 있게 되겠죠." 킴은 바닥을 바라보며 고개를 좌우로 흔들었다. "내 생각에는 네가 이런 상태로 계속 있을 필요가 없을 것 같은데, 하지만 변하기 위해서는 앞서 말한 네 생각을 재고해 봐야 할 것 같구나. 다른 사람이 돕기 때문에 그것이 더 효과적일 수 있다는 식으로 말이야." 킴은 나를 잠시 쳐다보더니 잠잠히 생각에 잠겼다.

어떤 청소년은 만약 자신이 언쟁을 그만둔다면 사람들이 자신을 진 것이라고 생각할까 봐 염려한다. 그래서 자신이 속으로 이미 버린 관점도 끝까지 고수하려고 한다

적개심에 찬 청소년은 그들이 옳다는 입장을 버리기를 어려워한다. 그들은 치료에 협조하는 것이 화를 낼 수 있는 권리를 포기하는 것이라고 믿는다. 또 다른 내담자인 질도 그런 상태에 있었다. 그녀는 친구들과 결성한 밴드에서도 그녀의 기타(베이스) 연주가 점점 형편없어지면서 쫓겨나게 되었다. 그녀는 이제 무엇을 해야 할지 고민했다. "친구들에게 돌아갈 수도 없어요." 질이 말했다. "왜? 너희는 오랫동안 절친한 친구들이잖니?"라고 내가 물었다. "만약 친구들을 다시 만나러 간다면 친구들은 아마 모든 것이 괜찮아졌다고 생각할 거예요. 난 친구들이 내가 얼마나 상처를 받았는지 알았으면 해요." 질은 친구들의 그러한 결정에 자신이 얼마나 속상했는지 말로는 효과적으로 전달할 수 없다고 생각했다. 아마 그녀는 친구들에게 행동으로 무언가를 보여 주지 않는 한, 그들이 자신의 말을 심각하게 받아들이지 않을 것이라고 믿었던 것 같다. 그래서 질은 견딜 수 있는 한 친구들에게서 떨어져 있으려고 했고 친구들에게 돌아가기 전에 이런지런 행동으로 암시를 주려고 했다.

심리치료에서도 이런 비슷한 현상이 일어난다. 청소년 내담자는 생각한다. '부모, 선생님, 상담자를 포함한 모든 사람이 내가 얼마나 화가 나는지/불행한지/겁에 질린지/혼란스러운지 알았으면 해. 만약 내가 소리 지르기를/자해하기를/가출하기를/술 마시기를/삐치기를 멈춘다면 그들은 모든 것이 다시 괜찮아졌다고 생각하겠지.' 많은 청소년은 자신이 원하는 것을 말로 표현해서 얻어 낼 수 있다고 믿지 않는다. 그런 성인도 많다. 이런 성인은 아무도 자신이 진짜 의미하는 것을 말하지 않고, 다른 사람의 말을 경청하지 않으며, 결국엔 자신이 원하는 대로 행동한다고 믿는다. 그리고 말로 자신의 의사를 표현하기보다 행동으로 말하는 편을 택한다. 그들은 말을 포기했다. 이것은 곧 친밀감 형성을 위한 최고의 도구를 내던져 버린 것을 의미한다.

불만에 찬 청소년에 대한 상담자의 가장 중요한 역할은 아마도 이런 청소년이 신뢰할 만한 성인에게 자신을 개방하고, 자신에게 필요한 말을 경청할 때 얻게 되는 기쁨을 알 수 있도록 돕는 것이다. 이것은 청소년이 비판적이거나 냉소적인 태도를 취하지 않고 상담자의 도움을 받아들일 때마다, 독립성에 대한 지나친 고집을 부리지 않고 상담자의 염려를 경청할 때마다 일어난다. 또한 상담자의 다음과 같은 말이 자신에게 영향을 미치도록 허용할 때 이런 것이 일어난다. 예를 들어, "네가 정말 못된 아이가 아니라는 것을 알 때까지 다른 사람이 버텨 줄지 의문이구나." "너 그거 알고 있니? 주변의 모든 사람과 네가 언쟁을 벌이고 있는 거, 그것도 혼자서 말이야." 또는 자신의 변화무쌍한 감정의 변화로 가족을 통제하고 있는 청소년에게는 "불평을 계속하려면 그렇게 하렴. 하지만 그것을 다른 사람 탓으로 돌리는 데는 한계가 있을 거야."

▲ 불만에 찬 청소년에 대한 상담자의 가장 중요한 역할은 아마도 이런 청소년이 신뢰할 만한 성인에게 자신을 개방하고, 자신에게 필요한 말을 경청할 때 얻게 되는 기쁨을 알 수 있도록 돕는 것이다.

이 책은 위와 같은 말을 할 수 있는 방법을 찾아서, 청소년과 그 부모가 자극을 받아 청소년과 그들의 부모가 자극을 받아 스스로 자신들의 행동을 수정하게 되는 의사소통에 관한 것이다. 심리치료는 언어치료라고 한다. 하지만 많은 상담자가 이런 청소년에게 말을 거는 것이 아니라 그들을 '치료'하려고만 한다. 물론 분노에 찬, 우울한, 잘난 체하는 청소년과 대화하는 것은 쉽지 않은 일이다. 그러나 그것을 극복할 책임은 상담자의 몫이다. 처음부터 이런 치료를 요청하지도 않은 아이가 상담자에게 적극적으로 협력하기를 기대하는 것은 무리가 있다.

Adolescent Therapy that Really Works | 제3장

상담자가 도움이 되지 못하는 이유

- 신뢰를 잃은 상담자
- 청소년이 싫어하는 세 가지 질문
- 비효과적인 심리치료 세 가지
- 다른 사람이 도움이 되지 못하는 경우
- 저항이라는 개념의 활용

청소년만이 심리치료가 순조롭게 진행되는 데 방해가 되는 태도나 신념을 가진 것은 아니다. 상담자도 그런 것을 가지고 있지만 차이는 그것이 발달상의 욕구가 아니라 상담자가 애초에 정신건강이라는 분야에 헌신하게 된 동기, 즉 도와주고 싶은 소망과 관련이 있다.

그러나 도와주려는 소망이 지나칠 경우, 그것은 심리치료와 상담자의 위엄을 동시에 손상할 수 있다. 지나치게 도움이 되려고 하는 나머지 상담자는 도움이 안 되는 행동을 하곤 한다. 이 장에서는 심리치료에서 상담자의 어떤 행동이 청소년 내담자의 반감을 사는지에 대해 살펴보고자 한다.

신뢰를 잃은 상담자

우리는 내담자에게 신뢰를 잃은 상담자가 그에게 영향을 미칠 수 없다는 것을 잘 알고 있다. 그러나 청소년 내담자에게 신뢰를 얻는 길은 상담자가 생각하는 것과 많이 다를 수 있다. 청소년에게 존중받는 것보다 그들이 좋아해 주는 것에 더 관심이 있거나 후자가 되면 전자가 따라온다고 믿는 상담자는 신뢰를 종종 호감이나 성실성능과 혼동한다. 그러나 그것은 진실과는 거리가 멀다. 청소년은 똑똑한 소비자다. 누군가 세일즈를 하려고 할 때 그들은 그것을 간파한다. 절대 사 주지 않을 거라고 생각하면서 꼿꼿한 자세로 판매원의 말을 듣는다.

이 장에서는 왜 상담자가 자주 청소년 내담자의 신뢰를 잃는지에 대해서 살펴보고자 한다. 치료적 개입이 적절해도 심리치료의 결과는 그렇지 않을 수 있다. 또한 청소년 내담자를 (부정적으로) 자극하는 흔히 묻는 질문과 치료적 성향, 혹은 스타일에 대해서도 점검해 보려고 한다. 상담자 이외에 청소년을 돕는 성인은 선한 의도를 가지고 있지만 청소년을 이끌고 방향을 잡아 주려는 그들의 노력은 종종 빗나갈 때가 있다. 임상팀 구성원, 보호관찰관, 학교상담교사, 심지어 부모까지도 너무나 자주 '과도하게' 노력하고, '과도하게' 통제하고, 실은 그렇지 않은데 일이 잘되어 가는 '척'을 하는 오류를 범한다. 왜냐하면 그 외에 어떻게 해야 할지를 모르기 때문에 그렇다. 심각한 어려움을 겪고 있는 청소년을 대할 때 우리는 피해야 한다고 알고 있는 바로 그런 행동을 하게 된다.

청소년에게 인정받으려고 애쓰는 오류

비자발적인 청소년 내담자가 상담실에 들어올 때 그들은 자신이 손에 쥐고 있는 카드가 몇 개 없는 것처럼 느낀다. 결국 그들은 누군가 다른 사람이 걱정하는 바람에 상담실까지 오게 되었고, '문제아'로 보이는 것에 대해 촉각을 곤두세우고 있다. 그들은 또한 낯설고 특이한 환경에 와 있다. 통용되는 (사회적) 규칙이 다른 것 같지만 그것이 무엇인지 금방 드러나지는 않는다.

이런 내담자가 들고 있는 두 장의 카드가 있다. 즉, 말하기와 승인하기다. 그러나 이 카드는 상담자가 동의를 해야만 효력이 생긴다. 만약 상담자가 내담자의 수다와 상담자에 대한 내담자의 인정이 치료가 잘 진행되기 위한 필수조건이라는 인상을 준다면 그는 그 카드를 꼭 쥐고 치료를 조정하려고 들 것이다. 왜냐하면 일반적으로 청소년이 치료과정에서 통제감을 느낄 수 있는 것은 많지 않기 때문이다. 따라서 그는 자신이 가지고 있는 것을 가능하면 오랫동안 꼭 붙들고 있으려 할 것이다. 그들은 자신에 관한 정보를 자진해서 주거나 상담자에 대해 인정하는 것을 마치 대단한 권력을 이양하는 것쯤으로 생각한다. 치료에 대한 통제력을 갖고 싶은 청소년은 아주 가끔 그런 일을 허락할 것이다. 상담자가 이런 것—대화, 수긍—을 더 부추기려고 하면 할수록, 청소년은 이런 것이 성공적인 치료에 필수적이라는 상담자의 신념을 더욱 확고히 인식하게 된다. 그런 상황에서 청소년은 그런 작업을 방해하는 데 더욱 헌신하게 된다. 만약 상담자가 상담자에 대한 내담자의 인정이 치료에 꼭 필요한 것이라고 생각한다면, 그는 이미 치료에서 많은 것을 내주고 있는 것이다.

정신건강 전문가가 내담자에게서 인정을 받으려고 노력하는 것은 일반적으로 라포를 형성하려는 소망에서 나온다. 이것은 마땅히 추구해야 하는 것이기도 하다. 하지만 내담자와의 라포가 그들이 상담자를 존중하는 것보다 더 중요한 것은 아니다. 상담자가 말하는 것을 고려해 볼 정도로 상담자를 존중하는 아이는 상담자를 심하게 싫어하면서도 그 만남에서 무언가를 얻어 갈 수 있다. 아이들은 상담자가 라포를 형성하려고 애쓰는 것을 조용히 지켜보면서 그런 노력을 장삿속이라고 여길 수 있다. 어쨌든 그것은 앞뒤 순서가 바뀐 것이다. 누구도 자신이 존중하지 않는 사람에 대해 마음을 열지 않는다. 많은 상담자와 내담자 간의 라포는 사실 잘 형성된 것처럼 보일 뿐, 어려움에 봉착하는 순간 깨지기 쉬운 환상에 불과하다. 그와 달리 상대에 대한 호기심은 진실한 대화로 이어질 수 있다. 이것은 또한 청소년 상담에

▲ 상담자와 라포를 형성하는 것과 상담자를 존중하는 것은 서로 다른 것일 수 있다.

수반되는 혹독함—직면, 정서적 취약성, 솔직함, 깊은 애정—에도 견딜 수 있는 라포로 발전할 수 있다. 자동차, 음악, 최근에 상영되는 영화에 관한 대화가 라포를 형성하는 것은 아니다. 오히려 그런 대화는 상담자가 내담자의 존중을 얻는 데 방해가 된다. 그러나 상담자가 자신과 내담자가 대화를 시작하는 데서 겪고 있는 어려움에 대해 솔직하게 개방하는 것은 내담자와 유대감을 형성하는 데 오히려 도움이 될 수 있다.

지나치게 조심하는 오류

완벽한 연주를 하려는 바이올린 독주자는 십중팔구 실수를 하게 된다. 완벽한 10점을 받으려는 체조선수는 평균대에서 떨어질 위험이 크다. 마음에 쏙 드는 소녀와 데이트를 하는 소년은 말실수를 하지 않으려다가 아무 말도 하지 못하게 되기도 한다. 지나치게 조심할 때 우리는 자연스러운 스텝을 잃어버리고 실수를 하게 된다. 심리치료도 마찬가지다. 상담자가 너무 조심할 때 그들은 자연스러움을 잃고, 또 자신을 잃게 된다.

변덕스럽고 행동조절이 안 되는 청소년과 작업하는 상담자는 때로 말실수를 하지 않으려고 지나치게 노력한다. 여기서 말실수란, 상담자가 청소년을 화나게 하거나 침묵하게 하고, 상담실에서 뛰쳐나가게 하거나 상담자에게 대드는 행동을 유발한다고 생각하는 것을 말한다. 이런 까닭에 상담자는 청소년에게 무슨 말을 할지, 어떻게 반응할지에 대해 지나치게 조심하게 된다. 평화를 위협하고 안정성을 흔들어 놓는 오해, 또 꽉 막힌 정체 상태를 부각하는 말을 피하려다 보니 말을 적게 하는 오류를 범하게 된다. 이런 상담자의 태도를 알아차린 청소년은 자신의 삶에서 변화를 가져오기 위한 노력을 하기보다 쉬운 길을 택한다. 혹은 상담에서 요구되는 예의를 무시하며 상담자를 무자비하게 시험하기도 한다.

지나치게 도움이 되는 척하는 오류

따뜻하고 포근한 심리치료에 (대부분의) 청소년은 거부감을 느낄 수 있다. 치료적 만남에서 상담자가 청소년 내담자의 신뢰를 잃는 또 다른 길은 치료에서 생산적인 작업이 이루어지지 않는 것에 대해 청소년에게 적절한 책임을 묻지 않는 것이다. 치료가 잘 진척이 되지 않을 때, 상담자는 문제를 찾아내고 해결하는 데 총력을 기울인다. 상담자는 내담자에게 모든 제안과 충고를 아끼지 않는다. 과제를 내주기도 한다. 몇 회기가 지났는데도 별다른 진전이 없는 경우, 상담자는 자신이 뭔가 도움이 되는 것을 하고 있다고 느끼기 위해 최선을 다한다. 실제로 선의의 상담자는 치료를 수행하는 과정에서 내담자보다 더 열심을 낼 수도 있다. 그러나 상담자가 내담자의 일—변화하기 위해 심리치료 활용하는 것—을 대신해 주기 시작하는 순간 치료는 작동을 멈추게 된다.

선의의 상담자는 치료를 수행하는 과정에서 내담자보다 더 열심을 낼 수도 있다.

13세 소년을 상담하는 데 어려움을 겪고 있던 동료 로빈이 내게 도움을 요청해 온 적이 있다. "그 아이는 그냥 앉아서 내 방에 있는 조개껍데기를 만지작거리기만 해. 말을 하는 건 나뿐이고. 아이의 부모는 아들이 더 많은 친구를 사귀기를 바라지만, 그 아이는 어떻게 친구를 사귀는지 모르겠다고 하고. 그래서 그동안 아이에게 친구를 사귀는 방법을 가르쳐 주고 부모에게는 친구랑 놀 수 있는 기회를 만들어 주라고 지도했지." "그래서 어떻게 됐어요?" 나는 물었다. "그 아이는 나를 거들떠보지도 않았지. 부모도 노력했지만 별 성공을 거두지 못했고. 그 아이는 여전히 혼자 놀 때가 많아." "정말로 그 아이가 친구를 사귈 줄 모른다고 확신해요?" "그렇지는 않아. 사실 그 아이는 번지르르하고 요령도 있어. 내가 보기에 그 아이는 친구를 원하지 않는 것 같아. 아니면 친구를 사귀어도 유지를 하지 못하든지. 솔직히 말하면 그 아이는 상대에게 몹시 불쾌감을 주거든." "그렇다면 왜 아이가 이미 알고 있는 것을 가르치려고 해요?" "왜냐하면 달리 어떻게 해야 될지를 몰라서지." 로빈은 웃었다. "그 아이는 다른 사람을 쥐고 흔들려고 하고, 엉성하면서도 뭐든 다 아는 체를 하지. 그 아이에게는 어떤 말도 통하지 않아. 자신에게 문제가 있다고 생각하지도 않고. 그러니까 그냥 그 아이가 친구를 사귈 수 있도록 여러 가지 방법을 찾아보는 수밖에. 역할극을 하면서 다양한 사회적 상황을 연출해 보기도 하지만 늘 그 모든 것이 어딘가 우스꽝스럽게 느껴져." 나는 말했다. "그럴 수밖에 없지요. 그 아이에 대해 아는 것을 언급하고 있지 않으니까요. 당신은 선한 의도로 돕고자 하지만 그것은 그 아이가 진정으로 필요로 하는 것에서 먼 것이니까요." "그 아이가 필요로 하는 것이 무엇인데?" "당신이 겉치레 없이 본론으로 들어가서 그동안 다른 누구도 말하지 않았던 것을 말해 주는 사람이라는 것을 그 아이가 느껴야 해요. 예를 들면, 왜 자신이 다른 사람 위에 군림하려고 하는지, 그렇기 때문에 다른 아이들이 그와 함께 노는 것을 얼마나 힘들어하는지, 그것 때문에 그가 어떤 대가를 치르고 있는지 등이죠." "하지만 그 아이의 감정을 상하게 하고 싶지는 않아." "그렇지 않을걸요. 그 아이가 당신을 자기편으로, 또 말하기 힘든 사실을 말해 주려는 용기를 가진 사람이라고 인정한다면요. 물론 당신은 추측하거나 다른 누군가에게 들은 것이 아니라 당신이 직접 경험한 그 아이에 대해서 말해야 하고요. 예를 들어, '너는 그 헬리콥터 박물관에 체험학습 다녀온 이야기를 너무 재미있게 하지만, 내가 만약 내 얘기를 꺼낸다면 듣기 싫어하겠지.' 라고 하는 거죠." "지금에 와서 그렇게 치료 전략을 바꿀 수 있을까? 그렇다면 그동안 내가 계속 헛다리를 짚고 있었다는 것을 시인하는 것이 될 텐데." "당신이 사실 계속 잘못 짚어 왔다고 말하세요. 아이의 부모에게도 그렇게 말하고요. 당신의 자녀가 능숙한 아이라서 그동안 친구 사귀는 법에 대한 지도가 필요한 것처럼 당신을 믿게 했다고요. 사실은 다른 것이 필요한데도 말이죠. 그 아이가 왜 다른 사람에게 군림하려 하는지, 왜 똑똑한 체를 해야 하는지, 또 왜 사람들을 소외하고 있는지에 대해 다루세요. 당신은 지나치게 열심히 하고 있어요. 그들은 그다지 열심을 내고 있지 않고요. 그 소년을 포함해서요."

상담자가 적절하지 않은 방법으로 지나치게 도움이 되려고 할 때 청소년은 그것을 자신의 자립에 대한 위협으로 보고 방어적이 될 수 있다. 도움을 주려는 열렬한 소망이 너무 뻔히 드러날 때, 청소년은 갑갑하게 느껴서 뒤로 물러날 수 있다. 특히 여자 상담자와 작업하는 남자 청소년은 이렇게 느낄 수 있다. 그렇다고 남자 청소년이 남자 상담자만을 봐야 한다는 것은 아니다. 그러나 여자 상담자가 멘토라기보다는 엄마와 같은 따스함을 풍기는 것에 대해서는 주의해야 한다고는 생각한다. 상담자가 도움이 될 수 있다는 것은 간접적으로(태도로, 표정으로, 주의 깊게 들어주는 것으로, 내담자의 개성을 존중하는 것으로, 도움이 되는 것을 지적하는 것으로, 좋은 아이디어를 내놓는 것으로), 또한 청소년 내담자가 치료과정에서 활발한 참여자가 될 것에 대한 기대와 함께 표현될 때 가장 효과적일 수 있다.

상담자가 막다른 곳에 다다랐다는 것을 숨기려는 오류

상담자가 회기 중에 궁지에 몰렸다는 것은 청소년 내담자에게 너무나 잘 드러난다. 상담자의 언어 선택에서, 몸짓에서, 타이밍에서 그들은 그것을 알아차린다. 예컨대, 말을 하기 전에 너무 오래 주저하는 것, 말을 더듬는 것, 눈을 마주치려고 하지 않는 것 등이 그것이다. 이런 단서를 통해 그들은 상담자가 다음 순간 무슨 말을 해야 할지, 무엇을 해야 할지 모른다는 것을 꿰뚫어 본다. 상담자가 그것을 감추려고 하는 것은 상황을 악화시킬 뿐이다.

집단상담에서, 자레드란 아이는 자신의 개인 상담에서 일어난 이야기들로 친구들을 즐겁게 해 주곤 했다. "상담 선생님의 질문에 나는 '내가 왜 그걸 말해야 해요?' 라고 답했지. 그러자 상담자는 당황해서 볼펜 꼭지를 눌렀다 올렸다 하기 시작했어. 그러더니 진땀을 흘리기 시작하는 거야. 거기 있잖아. 윗입술 위쪽 말이야. 선생님은 뭐라고 해야 할지 몰랐던 거야. 어휴. 어찌나 웃음이 나는지……."

나는 재빨리 그의 말을 멈추려고 했지만 이미 아이들은 모두 웃음을 터트리면서 자레드의 치명적인 일격에 간접적으로 가담하고 있었다. 아이들은 자신들이 자레드처럼 '성공적'으로 행동하진 못해도 그가 말하는 것이 무엇인지 이해하고 있었다.

나는 자레드의 개인 상담자인 아멜리아가 딱하게 느껴졌다. 만약 내게 그런 일이 일어났다면 그것은 끔찍한 느낌일 것이다. 나라면 어떻게 했을까? 아멜리아는 무엇을 다르게 할 수 있었을까?

상담자는 자레드와 같은 저항하는 내담자에게 그런 자극적인 질문이 상담자를 어찌할 바를 모르게 한다는 것을 알려 줄 수 있고 또 그래야만 한다. 아멜리아는 자레드의 질문에 뭐라고 답을 해야 할지 모르겠다고 말할 수 있었을 것이다. 짓궂은 표정으로 자레드를 보면서 부드럽고 유머러스하게 (비난조가 아니라) 그녀가 이렇게 말문이 막히는 것을 그가 보고 싶었던 것이 아니냐고 되물을 수 있었을 것이다. 이렇게 했다면 애써 노력해서 그렇지 않은 척을 할 필요도 없었을 테고, 그녀의 정직한 답변은 자레드가 대인관계에서 이런 어색함을 조장하는 것에 대한 책임을 부각할 수 있었을 것이다. 다음과 같이 말했다면 훨씬 나았을 수 있다. "네가 그렇게 도전할 때면 도무지 뭐라고 답해야 할지 모르겠어." 그녀는 그가 그런 태도를 바꿔야 한다고 얘기하고 있지 않다. 또 그가 상황을 어렵게 한다고도 말하고 있지 않다. 대신에 그녀는 자신이 경험한 내담자에 대해 말하고 있는 것이다. 만약 내담자가 자신의 태도에 만족한다면 그걸 바꾸라고 말하는 것은 어쨌든 비효과적일 것이다. 그러나 상담자의 솔직함과 진정성이 내담자의 주의를 끌고 그것이 내담자에게서 진정성과 솔직함을 끌어내는 그런 관계를 만들어 나간다면, 내담자는 더 이상 악당으로 남아 있고 싶지 않을 수 있다. 그는 관계에서 도망칠 때보다 진정한 만남 안에서 더 많은 것을 얻을 수 있다는 것을 발견할 수 있다.

심리치료를 통제하려는 오류

심리치료에서 상담자는 치료의 구조적인 측면을 조정할 수 있다. 하지만 치료과정을 통제할 수는 없다. 상담자는 통제 불능의 아이를 자제시킬 수도 있고 또 약물이나 술을 마신 상태에서 상담에 온 아이에 대한 치료를 거부할 수도 있다. 그러나 내담자가 변하고 싶어 하지 않는 것, 말하기 싫어하는 것, 새로운 방법을 고려해 보지 않는 것, 진실을 말하는 것 등을 통제할 수는 없다. 상담자가 그런 것이 통제될 수 있다는 믿음을 내담자에게 전달할 때마다 상담자에 대한 신뢰는 낮아진다.

▲ 상담자는 통제 불능의 아이를 자제하게 할 수도 있고 또 약물이나 술을 마신 상태에서 상담에 온 아이에 대한 치료를 거부할 수도 있다. 그러나 내담자가 변하고 싶어 하지 않는 것, 말하기 싫어하는 것, 새로운 방법을 고려해 보지 않는 것, 진실을 말하는 것 등을 통제할 수는 없다.

린다와 프랭크는 15세 된 딸 레이철을 심리치료에 데리고 왔다. 그들은 레이철이 거짓말을 한다고 했다. "그래요. 레이철이 거짓말을 하는군요."라고 내가 말했다. "선생님은 레이철이 진실을 말하는지 아닌지 어떻게 구별할 수 있나요?"라고 그들이 물었다. "구별할 수 없는데요." "무슨 뜻이죠?" "부모님이 계실 때는 어떤 것이 진짜고 거짓인지 제게 말씀해 주시면 좋고요. 제가 레이철과 개인 면담을 한다면 아마 그녀가 말하는 대부분이 거짓이라고 추측할 것 같네요." "그렇다면 치료가 과연 잘될까요?" 그녀의 부모는 의아해했다. 좋은 질문이다.

"레이철을 돕는 데 어떤 사건이 정말 일어났는지 아닌지를 꼭 알아야만 하는 것은 아니라고 봅니다. 제가 내담자에 대해 확실히 아는 것은 바로 여기 치료실에서 저와의 사이에서 일어나는 일뿐일 겁니다. 그것이면 충분하다고 생각이 됩니다. 게다가 저와 만나는 시간이 중요해진다면 레이철도 제게 솔직해지려고 하겠죠. 그렇지 않다면, 제가 아무리 진실을 말하라고 해도 소용이 없을 테고요."

만약 레이철이 내 도움을 거절하고 나에게 진실하지 않다면, 내가 그녀에게 해 줄 수 있는 것은 정말 별로 없을 것이다. 그런 경우에는 심리치료의 목표가 레이철과 작업하는 것에서 부모와만 작업하는 것으로 바뀌어야 할 것이다. 그녀의 부모는 그녀가 거짓말하는 것을 하지 못하게 할 수는 없지만 거짓말에 대한 결과를 그녀가 직면하게 할 수는 있을 것이다. 치료는 그런 측면에서 부모에게 도움을 줄 수 있다. 그들은 레이철이 자신에 대해 말을 하도록 강요할 수는 없다. 그러나 나와 함께 또 부부간에 이야기를 나누어 봄으로써, 그들의 자녀가 왜 솔직하게 말하기를 거부하는지에 대해 생각해 볼 수 있다. 그리고 마지막으로, 가족이나 부모 상담회기를 레이철의 증상에 대한 더 폭넓은 시각을 확보하는 데 활용할 수도 있다. 예를 들어, 가족 내에 그동안 잘 포착되지 않았던 거짓의 이슈가 있는지, 그렇다면 그것이 레이철의 거짓말하기와 어떻게 연관되어 있는지 등에 대하여 고려해 보는 시간을 가질 수 있다.

위에 나열한 이런 접근이 상담자의 신뢰를 깎아 버리는 이유는 상담자가 치료 중에 일어나야 할 '마땅한' 것이 일어나게 하기 위해 지나치게 노력하기 때문이다. 여기서 '마땅한' 것은 상담자가 치료 중에 일어나야만 하고, 일어났으면 하고 바라는 것을 의미한다. 이와 반대로 다음과 같은 것은 일어나지 말아야 할 '틀린' 것이 된다. 예를 들어, 상담자를 불편하게 하는 것, 내담자가 상담자를 싫어한다는 느낌, 상담자가 도움이 안 된다는 느낌을 유발하는 모든 것, 상담자가 스스로를 지나치게 의식하고 의심하게 하고, 조절하지 못한다는 느낌을 주는 것 등이 여기에 속한다. 상담자는 이런 '틀린' 것이 치료에서 일어나지 않게 하기 위해 안간힘을 쓴다. 물론 위와 같은 느낌은 끔찍한 것이다. 그러나 그것을 억지로 방지하려고 할 때 상담자는 자기도 모르게 '줄타기 치료', 즉 언제 떨어질까 조마조마해하며 모든 것에 조심조심 임해야 하는 그런 치료를 하게 되는 것이다.

내가 청소년이던 시절, 한때 직모가 유행한 적이 있었다. 하지만 내 머리는 곱슬머리였다. 그때 그것을 자연스럽게 놔두지 못하고 직모 상태를 만들기 위해 엄청난 시간을 들였던 것이 기억난다. 머리를 가락가락 헤어드라이기로 피는 데 한 시간 반을 투자하고 나서 밖에 비가 오는 것을 알았을 때 얼마나 끔찍했던지. 잽싸게 집을 나와 데이트 상대의 차에 타면서도 머리를 꼭 잡고 있었던 것이며, 직모 상태를 유지하려고 차 안에서 애먼 머리를 계속 잡아당겼던 기억 등등. 그 아이 눈에 내가 얼마나 바보처럼 비쳤을까. 어쨌든 그날 이후로 그 친구를 다시 보지 못했다.

그때 머리를 곱슬인 채로 놔두었더라면, 그것에 자연스럽게 익숙해지기를 배웠더라면 훨씬 나았을 거라는 것을 지금은 알고 있다. 하지만 남의 시선에 민감하고 자신이 못생겼다고 여겼던 16세 소녀에게 그것은 무리한 주문이다. 그러나 수년이 지나고 그 사건을 되돌아보면서 심리치료에 대해 알게 된 것이 있다. 그것은 우리가 통제할 수도 없고 또 해서도 안 되는 것을 통제하는 것에 대한 환상과 집착이다. 직모 상태를 유지하는 것이 중요하지는 않았다. 내 머리에 맞는 스타일의 커트를 해야 한다는 것을 아는 것이 중요했다.

청소년이 싫어하는 세 가지 질문

"그래서 너는 어떻게 느꼈니?"

이 몹시 모욕적이고 불필요한, 감정에 대한 질문은 많은 청소년 상담을 초기에 종결하게 하는 주범이다. 이것은 전형적이고 예측된 질문이다. 그것은 청소년에게 진부하게 느껴진다. 그것은 이미 명백한 것에 대한 답변을 요구하는 것이다. "내가 어떻게 느끼다니요. 당연히 똥 밟은 기분일 거라는 걸 몰라서 물어요?"

이 질문이 가지고 있는 다른 문제는 청소년이 자신의 감정에 따라 충동적으로 행동하는 경향을 묵인하는 것이다. 상담자는 내담자가 어떤 상황에서 어떻게 느끼는지 알고 싶어 한다. 그것은 내담자에 대한 존중을 나타내기도 하고 심리치료가 잘 진행되도록 돕는다. 그러나 이 질문을 하는 방식은 치료의 초점을 내담자의 책임 대신에 감정으로 옮기는 우를 범하게 한다. 즉, 상황과 배경에 대한 적절한 고려 없이 감정이 맨 앞으로, 중심으로 오게 되는 것이다. 이런 감정은 청소년의 사고, 반응, 심지어 그들의 심리와도 동떨어져 있다. 그것은 마치 개는 없고 흔들리는 개의 꼬리만 남아 있는 것과 같은 상황이다.

물론 상담자는 청소년 내담자가 복잡하게 엉긴 감정에서 특정한 감정을 분리해 내는 데 도움을 주어야 할 때가 있다. 그러나 그 작업은 청소년이 더 넓은 맥락을 이해하도록 하면서 이루어질 수 있다. 예를 들어, 내담자에게 자신의 감정의 다양한 측면에 대해서 가르쳐 줄 수도 있고, 또 그의 감정과 사이의 연관성에 대해서 다룰 수도 있다. "그래서 상황이 점점 엉망이 되었구나. 그런데 네가 그런 말을 하게 된 배경에는 어떤 감정이 있었니?"

"그래서 너는 어떤 걸 느꼈니?"라는 질문은 상담자가 사람들의 비웃음을 사게 한 질문이기도 하다. 나는 한 17세 소녀—여기서는 메레데스라고 부르겠다—와의 첫 상담회기를 잊을 수가 없다. 메레데스는 자신이 이전에 만났던 상담자에 대해 얘기하다가 갑자기 그녀가 어떻게 느꼈는지를 묻는 상담자의 흉내를 내기 시작했다. "그때 어떻게 느꼈니?" "그게 내가 무슨 말을 할 때마다 스미스 박사가 물었던 전부예요. '어떻게 느꼈니? 메레데스?' 휴, 얼마나 지겨웠던지."

내담자가 상담자를 놀릴 수도 있다. 그러나 이 청소년에게 상담자가 했던 질문은 짜증스럽고 어리석은 것으로 비쳤다. 물론 이런 질문을 받는 것을 별로 개의치 않는 아이도 있고 또 그것을 반기는 아이도 간혹 있다. 그러나 그런 질문을 혐오하는 아이는 그 질문으로 인해 과연 심리치료가 얼마나 그들에게 도움이 될지에 대해 부정적인 추측을 할 수 있다.

"그게 좋은 생각이라고 생각하니?"

내담자의 예상되는 행동에 대해 중립적 태도를 보이려는 상담자는 이런 질문을 하곤 한다. 그러나 상담자의 감정이나 의견을 그런 식으로 감추는 것은 상담자의 진정성을 손상하고 또 내담자와 관계에 균열을 초래한다. 뿐만 아니라 상담자의 감정이나 의견이 그 질문에 묻어나 있지 않은 것도 아니다.

정말 멍청한 행동을 하려고 하는 청소년이 있다면, 아마 상담자의 솔직함을 더 긍정적으로 평가할 것이다. "왜 그런 행동을 하려고 하니?" 사실 상담자가 그것이 좋은 생각인지를 물어도 청소년이 받는 메시지는 다를 바 없다. 오히려 상담자가 직접적으로 묻는다면 청소년도 직접적으로 답을 할 수 있다. 대부분의 청소년 내담자는 상담자의 의견 자체보다는 의견을 전달하지 않는 척하는 것을 못마땅하게 여긴다. 심리치료는 상담자나 내담자의 인격과 분리될 수 없는 것처럼, 상담자의 가치관에서 분리될 수 없다. 그러나 가치관을 가진다는 것과 다른 사람을 판단하거나 또 다른 사람이 내 가치관에 맞게 행동하도록 강요하는 것과는 다르다. 상담자는 '그렇게 하지 말라'고 청소년을 꾸짖고 있는 것이 아니다. 그는 단순히 이렇게 말하고 있는 것이다. "내가 만약 네 상황에 처했다면 그렇게 안 할 텐데. 하지만 나는 그런 상황에 있지 않으니까. 그보다 내 생각은 이런데, 네가 관심이 있을지 모르겠지만."

회기 중에 청소년은 그것을 생각해 볼 시간이 필요할 수도 있고 그러고 나서도 아무 말도 하지 않을 수도 있다. 그런 상황에서 청소년에게 답을 요구하는 것은 그가 다른 관점을 고려하고 있다는 (혹은 그 가능성을) 것을 지나치게 드러내는 것이 될 수 있다. 혼자 마음을 바꾸도록 놔둘 수 있어야 한다. 주제를 바꾸는 것도 좋다.

그러나 청소년이 정말 어리석은 말을 하고 있을 때는 다르게 반응해야 한다. "그 녀석 집으로 가서 녀석 얼굴을 주먹으로 날려 버릴 거예요." "제리, 그러면 안 돼!"라고 상담자는 말할 필요가 있다. "그래요? 왜요?" "왜냐하면 말이지 그 녀석의 부모가 너무 성이 나서 너를 고소할 수도 있으니까. 그러면 너는 아마 벌금을 내기 위해 정신없이 일을 해야 되겠지. 또 주말에는 새 차를 몰고 다닐 시간도 없이 사회봉사를 해야만 하는 걸 몹시 후회하게 될걸. 그 운 나쁜 녀석은 네 차의 후방등을 일부러 깨뜨리려고 한 것이 아니야. 네 차를 보지 못했을 뿐이지. 그만 화를 식히렴." "그 멍청이가 내 차를 봤어야 하는데." "그래, 그랬어야 하지. 하지만 너는 마치 한번도 실수를 해 본 적이 없는 것처럼 얘기하는구나. 너처럼 성급한 아이가 말이지. 다른 사람도 좀 너그럽게 봐 주렴."

제리는 그제야 긴장이 좀 풀리는지 의자에 깊숙이 앉았다. 상담자가 그렇게 솔직하게 반응할 만큼 그를 존중한다는 것을 알기 때문에 그는 상담자가 자신에게 영향을 미치도록 허락한 것이다.

"왜 그렇게 했니?"

얼마나 흥미를 앗아 가는 질문인가. 청소년은 왜 그렇게 행동했는지 모른다. 대부분의 성인도 잘 모른다. 이런 질문은 심리치료를 지루하게 하고 딱딱하게 만들 뿐, 상담자가 바라는 그런 통찰을 내담자에게서 끌어내지 못한다. 더욱이 대부분의 청소년은 그런 통찰을 다음에 활용하지 못한다. 사실 문제가 더 심각한 청소년 내담자의 경우에는 그런 통찰을 기존의 부적응적 방식을 유지하기 위한 변명으로 이용하기도 한다.

"그런 상황에서 나올 줄을 모르는구나." 또는 "네가 다른 방식으로 그것을 처리하는 것을 보고 싶구나." 또는 심지어 아주 솔직하게 "참 안타까운 선택이로구나."라고 표현하는 것이 청소년이 "모르겠어요."라고 답할 수밖에 없는, 학구적으로 들리는 질문을 하는 것보다 훨씬 더 효과적이다. 사실 대부분의 상담자는 이 질문을 하기를 두려워한다. 왜냐하면 돌아올 답이 이미 예측되기 때문이다. 그럼에도 그들은 그렇게 묻는 것이 중요하다고 생각한다. 하지만 그렇지 않을 수도 있다.

비효과적인 심리치료 세 가지

가식적 심리치료

가식적 치료는 상담자가 수동적이고 반응이 없는 내담자와 마주 앉아 가치 있는 작업이 이루어지고 있는지에 대해 반신반의하면서도 계속해서 같은 것을 반복할 때 벌어진다. 상담자는 대화를 유도하고, 만남에서 의미를 끌어내고, 또 내담자가 그를 잠재적으로 도움이 될 수 있는 사람으로 보게 하려고 매 회기 더 노력한다. 카드나 보드게임이나 퍼즐 등을 꺼내기도 한다. 그러나 상담자와 청소년 두 사람 다 뭔가 '척'을 하고 있다는 것을 안다. 하지만 두 사람 모두 그것에 대해 언급하지 않는다. 이렇게 말해 보면 어떨까? "이것이 네게 도움이 될 것이라는 것을 너 살 전달할 수 있었으면 좋겠지만 너에게 강요하는 것처럼 비치지 않으면서 그렇게 하는 방법을 모르겠네." 치료 초기에 나를 너무나 힘들게 한 어린 소녀에게 내가 한 말이다. 이렇게 말한 편이 우리가 라포를 형성하기 위한 시간을 보내고 있다는 척을 하는 것보다, 또 아무렇지 않은 듯이 그녀의 학교생활에 대해 묻는 것보다 더 나았다고 본다.

"우리가 서로에게 흥미를 느끼기 위한 방법을 찾고 싶었지만 이제 아이디어가 바닥이 난 것 같아. 네 도움이 필요해. 네가 그런 것에는 전혀 관심 없다고 말하지 않는 이상 말이야." 나는 무뚝뚝하게 앉아서 바닥만 뚫어지게 바라보고 있는 또 다른 청소년 내담자 레이에게 이렇게 말했다. "관심 없어요." 레이는 중얼거렸다. "그런 줄 알았지. 너는 어머니가 말한 너의 행동 문제를 어떻게 다루었으면 좋겠니?" 내가 물었다. "그냥 무시하면 되죠 뭐." 나는 웃으면서 지금까지 그가 그렇게 해 봤지만 통하지 않았다고 말했다. "아니에요. 부모님이 대마초를 뺏어 가기 전까지는 그 방법이 통했어요. 이제는 모두가 내 일을 그냥 지나치지 않아서 무시하기가 어려워졌지만요." "그들은 이전에도 네 앞에 있었지만 네가 그걸 알아차리기에는 너무 약물에 빠져 있었지. 그래서 그것이 통했다고 생각하는 거야." 그가 웃었다. 마지막 10분 동안 그는 아무 말 없이 앉아 있었다. 하지만 나는 우리가 나누었던 것이, 조금 미약하기는 해도 '진실한' 순간이었다는 것을 알았다.

논리적 심리치료

논리적 치료는 상담자가 내담자로 하여금 분별력 있고 합리적으로 행동하도록 설득할 때마다 일어난다. 청소년에게 '분별 있게'라는 말은 성인보다 더 적용하기가 힘들다. 청소년은 이미 자신이 사리에 맞는 행동을 하고 있다고 생각한다. 17세인 행크의 예를 들어보자. 행크는 내가 주거형 치료시설에서 만난 아이였는데, 영리하고 매력적이고 야심찬 아이였다. 그는 또한 교만하고 독선적이고 자극적이고 변덕스러웠다. 자신이 선생님보다 더 똑똑하기 때문에 선생님에게서 배울 것이 없다고 생각한 행크는 학교를 빼먹기 시작했다. 결국 시간이 지나 지루해지고 여러 가지 특권을 빼앗기자 그는 학교로 돌아가고 싶어졌다. 하지만 2주 동안이나 학교의 교육프로그램이 시시하다고 비웃어 온 그는 난처해졌다. 어떻게 하면 다시 아무렇지 않은 듯이 학교로 돌아갈 수 있을까? 결국 그는 계속해서 학교를 가지 않았다. 이것이 합리적일까? 이것은 학교를 다니는 것은 자신처럼 똑똑한 아이가 해야 할 일이 아니고, 또 그가 돌아간다면 아이들이 그가 졌다고 생각할 거라는 '논리적인' 사고에서 나온 합리적인 대처였다.

나는 학교가 얼마나 중요한지 설득하기보다 그가 처한 이 딜레마를 언급하기로 했다. 그것이 그가 학교로 돌아가는 것을 막는 가장 큰 장애물이라고 생각했기 때문이다. 나는 행크에게 말했다. "내가 보기에는 네가 이러지도 저러지도 못하는 난처한 상황에 빠진 것 같네. 나는 네가 이제 심심해서라도 학교에 돌아갈 준비가 되었다고 보거든. 하지만 그렇게 하면 너는 다른 사람들이 네가 강요에 못 이겨 마음을 바꿨다고 생각할 거라고 믿는 것 같구나. 체면을 지키면서도 교실로 슬쩍 돌아갈 수 있는 방법이 있다면 너도 그대로 할 텐데."

당장은 나도 그런 방법이 떠오르지 않았고, 사실대로 그에게 말했다. 또한 나는 (손해를 보는 일에서) 언제 손을 떼야 하는지 아는 것도 중요한데, 이 상황은 오래 놔두면 놔둘수록 더 손해를 보게 되는 상황이라고 말해 주었다. 어쩌면 이런 말은 그의 방어를 자극해서 그가 학교로 돌아갈 모든 희망을 불식할 수도 있었다. 그러나 나중에 그가 학교로 돌아간 후에 그 주제가 더 이상 민감한 주제가 아니게 되었을 때, 나는 자기 주장대로 해야만 하는 그의 성향이 때때로 그가 목표를 이루는 것을 방해할 수 있다는 것에 대해 그와 생산적인 대화를 나눌 수 있었다.

도둑 심리치료

상담자가 내담자보다 더 내담자의 증상이나 문제를 포기하도록 재촉할 때마다 도둑 치료가 일어난다. 자신의 정체성의 일부가 된 행동이나 태도를 '빼앗길까 봐' 두려운 청소년은 상담자가 그것을 제거하려 한다는 것을 감지하는 순간 오히려 더 그것에 집착하기도 한다.

조안의 상담자는 엇나간 가정을 하고 있었다. 상담자는 조안과 그녀의 (팔에) 자해행동에 대해서 한 주 전에 이야기를 나누었기 때문에 조안이 자해를 하고 싶은 충동을 억제하려고 노력했을 것이라는 것이었다.

"이번 주에는 (자해행동이) 어땠니? 우리가 지난주에 얘기한 것들, 자해하고 싶은 충동이 들 때 대신할 수 있는 것을 좀 시도해 봤니?"

"별로요."라고 조안이 말했다. 하지만 그녀는 이런 생삭을 하고 있었다. '그건 선생님 아이디어였죠. 난 그것을 시도해 보겠다고 한 적이 없는데요. 우리가 그런 얘기를 했고 또 내가 자신의 그런 행동이 두렵다고 한 것을 두고 선생님이 그렇게 가정한 것뿐이죠. 하지만 두렵다는 것이 곧 내가 그런 행동을 바꿀 수 있다거나, 그러고 싶다는 것은 아니에요. 내가 정말 자해행동을 포기하고 싶은지 물은 적 없잖아요. 나는 포기하고 싶지 않아요.'

조안의 상담자는 아마 그녀가 자해 충동을 느낄 때 할 수 있는 또 다른 몇 개의 목록을 던져 주고 싶은 마음이 들것이다. 그러나 그것은 도움이 안 될 것이다. 이 내담자는 아직 자신의 증상을 포기하려는 마음이 없다. 설령 그것을 혐오하고 또 끔찍하게 두려워해도 말이다. 그녀는 자해행동을 멈추고 싶을지도 모른다. 그러나 다른 사람에게 그녀가 얼마나 불행한지 알릴 수 있는 다른 방법이 없다고 믿고 있는지도 모른다. 그런 증상 뒤에 실제 작동하고 있는 역동은 이런 것일 수 있다. 상담자는 여기에서 시작해야 한다. 만약 자해행동이 위험수준에 다다르면 청소년을 보호하기 위한 외부적인 장치가 필요할 수 있다. 예를 들어, 부모가 더 세심하게 감독하게 하는 것, 상담회기를 늘리는 것, 학교의 학생지도 교사와 협력하는 것, 필요하다면 병원에 입원시키는 것 등이 있다. 그러나 조안이 느끼는 감정과 그것을 처리하는 방식을 변화시키기 위해서는 먼저 그녀의 내면적(주관적) 경험을 다루어야 한다.

19세의 시무룩하고 극적인 내담자 케니는 심각한 우울과 고립의 병력을 가진 내담자였다. 한번은 그가 자신의 음울한 마음의 미로를 통과하는 즐겁고도 고통스러운 여행을 자신이 은밀히 즐기고 있다는 것을 설명한 적이 있다. "케니, 너는 어둠을 즐기는구나." 내가 말했다. "네, 그런 것 같아요." 그가 답했다. 내 말을 그래서는 안 된다는 제안으로 오해한 케니는 이렇게 덧붙였다. "그러지 말아야겠죠." "그렇게 할 수 없겠지. 너의 고통은 너의 일부분이 되었으니까. 이해해. 하지만 네가 그것을 지나치게 낭만화한다면 위험할 수도 있어. 지금도 가끔 그렇게 하듯이 말이야. 곧—언제인지는 네가 알겠지만—그걸 떠나서 다른 곳에서 즐거움을 발견해야 하겠지."

케니는 자신의 상태를 되새김질하는 것을 즐겼는데, 이것은 그의 정체성에 안정감을 주기도 또 깊은 우울감을 계속 부채질하기도 했다. 그가 세계관과 자기개념을 좀 더 긍정적인 것으로 대체하기까지는 많은 시간이 걸렸다. 안젤라 또한 그런 아이였다. 17세의 고약한 성질을 가진 이 아이는 매 회기 내가 슈퍼비전을 주고 있던 상담자를 독설과 악의로 괴롭혔다.

▲ 청소년은 상담자가 자신의 감정, 의견, 분노에 대한 위협이 아니라는 것을 먼저 확인해야 한다. 그들이 그런 것을 멈추고 상담자를 관계 안으로 받아들이는 것은 그 후의 일이다.

"네가 화를 덜 내는 방법을 찾아볼 수 있지 않을까?" 상담자가 말했다. 그러나 안젤라는 화를 내고 싶어 했고 화를 낼 필요가 있다고 느꼈다. 그녀는 이 불쌍한 상담자의 안일함과 자신에 대한 오해를 비웃었다. 안젤라 같은 아이는 상담자가 자신의 감정, 의견, 분노에 대한 위협이 아니라는 것을 먼저 확인해야 한다. 그들이 그런 것을 멈추고 상담자를 관계 안으로 받아들이는 것은 그 후의 일이다.

청소년 상담의 문제점, 특히 비자발적이거나 반항적인 청소년과의 상담의 문제점은 상담자가 변화에 관심이 없거나 심리치료가 도움이 될 것이라고 믿지 않는 누군가를 변화시키려고 하는 것에서 기인할 경우가 많다. 실패가 뻔히 예상되는 경우가 몇 가지 있는데, 상담자가 내담자를 적극적인 참여자로 여길 때(그것을 뒷받침할 증거가 없는데도)와 상담자의 열정이라는 덕목으로만 상담을 이끌어 갈 때다. 가장 터무니없는 경우는 아마도 내담자가 애초에 동의한 적이 없는 것을 하기를 상담자가 기대하는 것이다.

"이번 주에는 아버지와의 다툼을 피해 갈 수 있었니?" "파티에서 맥주를 안 마셨니?" "학교숙제를 기한 내에 하는 데 좀 진전이 있었니?" 청소년의 답변은? "내 말 안 듣고 있었어요?"

다른 사람이 도움이 되지 못하는 경우

청소년과 작업하는 어려움은 청소년을 돕는 효과적인 방법에 대한 사람들의 오해로 인해 더 심화될 수 있다. 부모, 교사, 보호관찰관, 임상 슈퍼바이저는 적개심에 찬 반항적인 청소년이 그들과는 동떨어진 시각을 가지고 있고, 또 논리라는 것이 잘 통하지 않는다는 것을 잊곤 한다. 따라서 담당 상담자에게 부적절한 요구를 하기도 하고 내담자와의 관계나 심리치료 과정에 방해가 되는 행정적인 또는 임상적인 요구를 강요하기도 한다.

부모

셀리아와 프랭크는 13세인 아들 숀을 심리치료에 데리고 왔다. 숀은 습관적으로 엄마에게 물건을 던졌는데, 가장 최근에는 가위를 엄마에게 던진 적이 있었다. 숀은 상당히 반항적인 소년이었는데 몇 회기 동안이나 자신의 행동이 잘못된 것이 아니며, 엄마가 자신의 (부적절한) 요구를 들어 줘야 한다고 고집했다. 부모가 그의 행동에 대해 벌을 주기 시작하면서 위험한 물건을 엄마에게 던지는 그의 행동은 멈추었다.

숀이 자신의 터무니없는 행동을 성찰하면서 새로운 통찰이나 관점을 획득하거나, 또는 반성을 하기까지는 꽤 많은 시간이 걸렸다. 그것을 강요했다면 더 오랜 시간이 걸렸을 수도 있다. 그는 심리치료를 원하지 않았다. 그러나 그의 부모는 더 행복한 아이를 원했다. 당분간 그들은 아들이 집에서 폭력을 자제하는 것에 만족해야 했다. 그것은 홈런까지는 아니었지만 괜찮은 안타였다. 나는 그들이 그 정도에서 멈추어야 한다고 생각했다. 그리고 숀이 심리치료의 도움 없이 또 부모의 분노에서 벗어나 자유로운 상태에서 자신의 삶을 되찾아갈 수 있도록 놔두어야 한다고 생각했다. 그들은 아들을 믿어 줄 필요가 있었다. 다른 것은 필요하다면 나중에 더 할 수도 있었다.

그러나 숀의 어머니는 거기에 만족하지 못했다. 마지막 회기에서 그녀는 그것을 터뜨렸다. "네가 부모를 또 엄마를 더 존중하는 것을 배웠길 바란다. 또 네가 왜 그렇게 집에서 악당처럼 굴어야만 했는지도 알게 되었기를 바라고. 그런 면에서 조만간 네 생각을 들어 보았으면 좋겠구나."

숀이 그 말을 받기 전에 나는 셀리아에게 말했다. "어머니, 지금 단계에서는 숀이 다르게 행동하는 것이 다르게 생각하는 것보다 더 중요해요." 나는 얘기하는 내내 숀을 보고 있었다. 모두가 그의 마음이 진정으로 변해야 한다고 기대하는 것이 아니라는 것을 강조하기 위해서였다. "숀은 아직 당신이나 프랭크가 원하는 것처럼 생각하지는 않을 수도 있어요. 숀은 고집이 센 아이죠. 이 시점에서 회개를 요구하다 보면 지금까지 얻은 것을 놓칠 수도 있어요. 만족스러운 결과는 아니었지만 지금으로선 충분하다고 생각이 되네요. 한 달 정도 후에 다시 상황이 어떤지 이야기해 보죠." 피해는 수습되었다.

임상 슈퍼바이저/팀 리더/행정가

내 워크숍 참여자 중 한 사람이 자신의 청소년 내담자가(회기 중에 거의 말을 하지 않는) 목표를 달성하고 있는지 여부를 계속해서 묻는 슈퍼바이저를 어떻게 다루어야 할지에 대해 물었다. 그 사람은 나를 보면서 말했다. "목표라고요? 내 내담자의 목표는 나를 제거하는 건데요. 내가 뭘 하든 받아들일 생각이 없는 아이에게 어떤 목표를 가질 수 있겠어요?"

나는 그가 하는 말을 이해할 수 있었다. 나는 그에게 지금은 상담자와 내담자의 목표가 서로 다르다고 슈퍼바이저에게 말하라고 제안했다. 우선은 그들이 같은 레벨에 서기 위한 작업을 하고 있다고. 만약 내담자에게 그들이 현재 상태가 아닌 다른 상태에 있는 척을 한다면 그는 내담자의 신뢰를 잃고 영향을 미칠 수 있는 기회도 잃어버릴 것이라고. 이런 상황은 정신건강 분야의 책임에 대한 행정적 필요와 임상적 민감성 사이에 자주 일어나는 딜레마다. 이는 늘 심리치료실 안에서 해결될 수 있는 것도 아니며 이 (정신건강) 산업의 운영과 서비스의 질 확보라는 더 큰 관점에서 다루어져야 한다. 이 딜레마가 적대적인 성격을 띠게 되면 한쪽은 다른 쪽에 예속되어야 한다고 느낄 수 있다. 행정 관리는 무시를 받는 느낌이 들고, 상담자는 그들의 전문가적 독립성이 축소되는 것처럼 느낄 수 있다. 아무도 행복하지 않고, 심리치료는 치료적이 되지 못하고, 내담자는 손해를 본다. 이러한 문제를 해결하기 위해서는 임상사례모임 이상의 상대편의 필요에 대해 갈등적인 입장이 되는 것을 피하고 서로를 설명하고 알릴 수 있는 포럼이 필요하다.

청소년 사법제도/사회복지 기관/청소년 보호기관

"그녀가 자신의 학대/음주/부적절한 행동에 대해서 얘기하고 있나요?" 이것은 아마 청소년 사례를 관리하고 있는 시스템이나 기관의 상담자나 업무 담당자가 중요하게 생각하는 것일 것이다. 만약 상담자가 이들의 입장을 무조건 수용하여 적절하지 않은 때 이런 문제를 언급한다면 내담자가 침묵, 철수 또는 반항하게 되는 결과를 초래할 수 있다. 상담자는 이들에게 이런 정면충돌적인 접근이 효과적인 치료를 저해할 수 있다는 것을 교육할 필요가 있다. 만약 계약에 따라 이런 것이 치료회기에서 다루어져만 한다면, 치료가 손상되는 것을 최소한으로 하면서도 이런 것을 달성할 수 있는 방법도 있다. 예를 들어, 상담자는 이렇게 말할 수 있다. "당신의 사례관리자는 지난 수년에 걸쳐서 당신이 당해 온 학대에 대해 우리가 얘기하는 것이 중요하다고 생각해요. 우리가 서로를 좀 알고 난 후라면 더 쉽게 그런 얘기를 할 수 있겠지만, 어쨌든 처음부터 조금이라도 거기에 대해서 얘기를 해야만 하는 상황이네요. 어떤 것이 가장 힘들었는지 당신의 말로 직접 듣고 싶네요."

기관과 연계되어 일할 경우 마주치는 이런 임상적 딜레마를 청소년 내담자와 같이 나누는 것은, 두 가지 측면에서 유익할 수 있다. 하나는 구조적 갈등을 피할 수 있다는 것이고, 또 하나는 심리치료가 각기 다른 세 관계 부서—공무원, 상담자, 내담자—의 협력작업이 될 수 있다는 것이다. 그러나 상담자는 이런 상황을 다루는 데 있어 신중해야만 한다. 자칫 잘못하면 상담자와 청소년이 한편이 되어 다른 시스템을 공격하는 양상이 될 수 있기 때문이다.

저항이라는 개념의 활용

심리치료에 대해 무관심이나 부정적인 반응을 보이는 청소년을 비난하는 것은 터무니없고 부당하다. 도움을 바라면서도 상담자가 제시하는 관계적 틀 안에서 작업하기를 부담스러워하는 많은 청소년은 비협조적이라든가 저항적이라는 이유로 처음부터 도외시된다. 물론 내담자 중에는 정말 함께 작업하기가 어려운 내담자도 있지만, 이것은 실제보다 더 과장된 경향이 있다. 이제는 심리치료에 대한 청소년의 저항이 그들에게 어필하고 도움이 되는 적절한 서비스를 제공하지 못하는 상담자의 무능력을 반영하는 것은 아닌지 숙고해 봐야 할 때다. 청소년과 가장 효과적으로 작업할 수 있는 상담자는 개인적인 자기와 직업적인 자기를 잘 통합할 수 있고 또 청소년의 세련되지 못한 프레젠테이션에도 의연한 그런 사람일 것이다. 상담자의 유머, 솔직함, 근면함 그리고 진정한 호기심은 상담자의 능력을 알아보지 못하는 것에 대한 실망감을 드러내는 것보다, 이런 아이의 멍든 영혼을 싸매는 데 훨씬 도움이 된다.

청소년과 가장 효과적으로 작업할 수 있는 상담자는 개인적인 자기와 직업적인 자기를 잘 통합할 수 있고 또 청소년의 세련되지 못한 프레젠테이션에도 의연한 그런 사람일 것이다.

Adolescent Therapy that Really Works | 제**4**장

다른 결과를 원한다면 치료를 바꾸라

- 심리치료의 질적 변화
- 상담자에게 필요한 변화

비자발적인 청소년과의 심리치료에서 주어진 시간 내에 최대한의 것을 끌어내기 위해서는 창의적인 생각과 관리가 필요하다. 어떤 회기든지 마지막 회기가 될 수 있다. 특히 청소년이 매우 심각한 문제를 가지고 있고 그 가족이 극도로 혼란한 상황에 대처하는 데 애를 먹고 있다면 더욱 그렇다. 상담자는 앞으로 얼마나 더 내담자를 볼 수 있을지 모른다.

심리치료를 수행하는 데 있어서 다양한 변화와 또 상담자가 자신의 역할을 어떻게 규정하는가는 치료에 막대한 영향을 미친다. 내담자의 협조와 변화 의지를 당연한 것으로 받아들이는 상담자는 변화에 관심이 없는, 행동화하고 저항하는 청소년 내담자와는 작업하기가 어려울 것이다. 만약 상담자가 청소년에게 교실에서 뛰쳐나가지 않기 위해 스스로 할 수 있는 것이 무엇일지 묻는다면 그는 "없어요. 교실에서 뛰쳐나가는 게 좋은데요."라는 답변을 들을 수 있다.

청소년 내담자에게 희망과 자신감을 불러일으키고자 하는 상담자는 내담자가 희망차고 자신감이 넘치는 그런 느낌을 원하는지 먼저 확인해야만 한다. 어쩌면 절망감과 무능감이 그가 드러내 보이고자 하는 이상적인 모습일 수도 있다. 절망적이고 무능력해 보이는 것이 내담자에게 어필하는 이유에 대해 탐색하는 편이 극복하고 싶지 않은 문제를 극복하도록 돕는 것보다 더 효율적일 수 있다. 내담자를 그의 현재의 심리적 위치에서 떼어 놓는 것은 언제나 힘든 싸움이다. 설령 진전이 있다고 해도 외적인 압력이 없어지는 순간 그는 다시 제자리로 돌아갈 수 있다. 그런 생산적이지 못한 줄다리기에 힘을 쏟을 필요가 있을까? 그보다는 청소년이 좀 더 건강한 생활에 대한 관심을 가지도록 유도하는 것이 더 나을 것이다.

상담자가 청소년 내담자가 어떤 것에 집착하는 이유를 이해할 때 청소년의 관심을 다른 데로 돌리는 것은 더 용이해진다. 만약 상담자가 청소년의 현재의 심리적 위치(예를 들어, 사람들에게 무기력하게 보여야 내게 기대를 별로 하지 않을 것이다; 내가 화내기를 멈춘다면 모두 내가 그 일을 잊었다고 생각할 거야; 그들이 요구하는 대로 한다면 나를 나약한 사람으로 보겠지)를 인식하지 못하고 그것이 왜 그에게 중요한지를 이해하지 못한다면 심리치료는 막연하고 목표없이, 주로 상담자가 임의적으로 내담자에게 필요하다고 생각하는 (부적절한) 방향대로 가게 된다.

그러나 청소년에게 작동하고 있는 역동을 이해하는 것은 그들이 어떻게 해서 지금의 상태가 되었는지를 아는 것과는 다르다. 많은 상담자는 내담자가 왜 지금과 같은 감정을 느끼게 되었는지 그 이유를 찾는 데 연연한다. 내가 보기에 청소년은 이런 식의 접근을 지루해하고 그 이유가 드러나기 전에 이미 흥미를 잃어버린다. 어쨌든 이런 접근은 별다른 유익을 주지 못한다. 설령 청소년이 자신의 행동에 대해 어떤 통찰을 한다고 해도 그것은 실제 그들의 행동을 변화시키는 데는 별 영향을 미치지 못한다. 그런 통찰은 전체 심리치료 과정 중, 청소년이 그동안 이룬 변화를 견고히 하는 작업을 하는 치료의 후반부에 더 적합할 수 있다. 내담자에게도 그런 편이 더 이해가 수월하다. "이제야 내가 왜 늘 그랬는지 알겠어요…" 나는 통찰을 변화를 일으키는 촉매제라기보다 과거의 것을 과거의 것으로 종결짓는 일종의 마감재라고 본다.

나는 통찰을 변화를 일으키는 촉매제라기보다 과거의 것을 과거의 것으로 종결짓는 일종의 마감재라고 본다.

그보다는 현재 무엇이 청소년을 가로막고 있는지—어떻

게 그렇게 되었는지가 아니라—에 초점을 맞추는 것이 심리치료를 더 지금-여기에서의 생생한 작업이 되게 한다. 또한 이것은 심리치료가 기한 없는 장기적인 것이 되는 것을 막고, 청소년이 다시 자기 궤도를 찾아가기 위해 필요한 만큼만 진행되도록 한다. 더 많은 정보와 더 장시간의 과정이 늘 더 바람직한 것은 아니다. 때때로 상담자는 너무 많은 것을 하려다가 치료의 탄력을 잃게 된다. 이런 경우, 내담자의 흥미는 소진되고 심리치료는 지루해진다. 새로운 관점과 책임의식을 회복한다면 내담자는 자신의 이슈, 내적 갈등, 또는 성격적 결함이 있어도 얼마든지 변화할 수 있다. 상담자가 할 수 있는 더 단순하고 실제적인 일은 내담자에게 부정적인 영향을 미치고 있는 그 심리적 장애물을 내담자와 협력해서—적대적인 관계를 통해서가 아니라—제거하는 일이다. 이런 맥락에서 나는 심리치료 과정이 겨울 스포츠인 '컬링'과 비슷하다고 생각한다. 한 선수가 골대를 향해 스톤을 밀면 다른 선수가 그 스톤이 가는 길을 정돈해서 그것의 속도와 방향을 조절할 수 있도록 돕는 것처럼, 상담자는 스윕퍼이고 내담자는 굴러가는 스톤인 셈이다.

심리치료의 질적 변화

청소년과 그 가족에 대한 상담자의 경험이 바로 심리치료가 될 수 있다

치료 중에 상담자는 가족 구성원이 서로 이야기하는 것이나 또 상담자에게 이야기하는 것을 들으면서 자신의 내적반응을 관찰한다. 이러한 상담자의 내적반응을 상담자만 알고 있는 것이 늘 최선은 아니다. 상담자 훈련에서는 그런 반응을 상담자의 개인적 활용을 위해서만 남겨 두라고 강조하지만, 치료 중의 가족이 자신들이 남에게 어떻게 비치는지를 인식하게 되는 것은 가치가 있다. 물론 그런 반응이 선한 의도와 함께 명료하고도 민감하게 전달되어야 한다는 것을 전제로 말이다. 예를 들면, 다음과 같다.

- 어떤 아버지는 자녀의 성적에 대해 강압적이다. 자신이 그렇다는 것에 대해 그가 알아야 하지 않을까? 설령 아버지가 바뀌기 어렵다고 해도, 우수하지는 못해도 과목을 통과할 정도의 성적을 내는 그의 괜찮은 아들은 성적문제가 완전히 본인에게서 기인한 것이 아니라는 것을 알아야 하지 않을까? '게으른' 아들이 문제라는 기존의 인식에 변화가 생긴 후에는 아버지와 아들 양쪽 다 인내심을 개발하는 것이—아버지는 학업에 대한 열정이 모자란 아들에 대해, 또 아들은 아버지의 너무 비판적인 성향에 대해—심리치료의 목표가 될 수 있다.
- 어떤 어머니는 자신과 자녀에 대해 너무 비판적이다. 그러나 그녀는 그것에 대해 전혀 인식하지 못하고 있다. 그녀는 스스로 성실한 부모라고 여기지만 그녀의 비판적인 성향은 자녀의 숨통을 조이고 있다. 그런 어머니를 방어적으로 만들지 않으면서, 또 자녀가 어머니가 염려하는 부분의 타당성을 무시하지 않도록 하면서, 내가 받은 인상을 전달할 방법이 있을까?
- 어떤 아이는 자신이 특별대우를 받을 자격이 있다고 여긴다. 그

부모조차도 부모가 요구하는 것을 하지 않아도 된다는 딸의 논리에 넘어간 듯하다. 딸의 대인관계의 능숙함을 이상화하고 있는 부모는 딸이 더 세세한 지도와 한계 설정이 필요한 제멋대로인 14세라는 것을 간과하고 있다.

- 어떤 아이는 가족 내에서 막강한 힘을 가지고 있다. 그 부모는 오히려 자신들이 그런 역할을 하지 않아도 되는 것에 대해 안도하고 있는 듯하다. 어떻게 하면 부모가 다시 부모로서의 권위를 회복할 수 있도록 내가 관찰한 것을 전할 수 있을까? 그들이 더 수동적이고 무책임한 자리로 후퇴하지 않도록 하면서 말이다.

상담자는 내담자에게 지나치게 조심하는 경향이 있다. 그래서 내담자에게 도움이 될 수 있는 것도 말하지 않는다. 상담자에게는 관찰기술과 더불어 그에 상응하는 의사소통기술이 필요하다. 무엇을 말하든지, 상담자는 내담자에게 불쾌감이 아니라 흥미를 자아낼 수 있도록 주의를 기울여야 한다. 상담자는 교만하지 않은 자신감으로, 적절한 따뜻함으로, 강요하지 않으면서도 중요한 것을 강조할 수 있는 기술이 필요하다. 상담자는 가족이 스스로에 대해서 다르게 생각해 보도록 질문을 던져야 한다. 다음의 예를 살펴보자.

- 성적에 대해 지나치게 엄격한 아버지에게 (아들 앞에서) 이렇게 말했다. "아버님, 아드님은 당신 생각처럼 게으른 것 같지는 않아요. 물론 아들이 학교에서 더 잘하기를 바라는 아버님의 마음은 이해가 되지만요. 상황이 더 안 좋아질 수도 있어요. 예를 들어, 아드님이 아버님과 힘겨루기를 팽팽하게 벌이면서 학교에

대한 관심을 완전히 끌 수도 있어요. 얼마간이라도 아드님에 대한 기대를 조금 낮추어 보세요. 아버님이 허용할 수 있는 성적에 대한 기준을 다시 세우고 아주 좋지 못한 성적에 대해서는 책임을 묻는 식으로요. 마이크가 자신이 우수한 학생이 아니라 보통 정도의 학생이 되도 아버지가 괜찮아하신다는 것을 안다면, 아마 아버님에 대한 반항으로 스스로 학업에 투자하는 것을 게을리하지는 않게 되겠지요. 그것이 마이크가 아버지에게 굴복하는 느낌 없이 학교에서 더 잘할 수 있는 길이라는 생각이 드네요."

- 비판적인 어머니에게는 이렇게 말한 적이 있다. "어머니, 자녀분들도 아마 어머니의 메시지가 자신들에게 도움이 된다는 것을 알 거예요. 하지만 그것을 전달하는 과정에서 어머니는 자녀의 마음을 잃고 있어요. 어머니의 비판적 어조가 어머니의 말을 수용하기 어렵게 하는 것 같아요. 이것이야말로 말을 아끼는 것이 더 나은 상황인 거죠."
- 자신이 특별한 대우를 받아야 한다고 여기는 소녀에게는 다음과 같이 말했다. "모니카, 이 모든 것을 하지 않아도 된다고 어떻게 부모님을 설득했니? 어떻게 하면 그렇게 설득력 있게 말할 수 있는지 내게도 가르쳐 줄 수 있니?"
- 부모 역할을 하지 않고 있는 부모에게는 이렇게 말했다. "누가 이 집안의 책임자인지 도무지 모르겠네요. 내가 모른다면 아드님도 모를 것 같은데요? 두 분 중에 누구라도 저와 아드님이 그걸 알 수 있도록 도와주시겠어요?"

심리치료에서 미니멀리즘

정신건강 분야는 너무나 빈번하게 소비자의 필요 이상으로 소비자에게 심리치료를 행해 왔다. 다음의 예를 살펴보자.

- 심리치료를 그만두려는 성인 내담자가 있었다. 그녀는 대인관계와 직업적인 면에서 많이 개선이 되었고 또 우울감을 덜 느끼고 있었다. "심리치료를 그만두기 전에 그만두고 싶은 이유에 대해 조금 더 시간을 들여 살펴보아야 할 것 같습니다." 내담자는 속으로 말한다. '그만두고 싶어요. 기분도 좋아졌고 잘 지내고 있어요. 이제 시간과 돈을 다른 곳에 투자하고 싶어요. 당신은 내가 그만두는 이유를 살펴보고 싶겠지만 저는 아니에요.'
- 상담자는 내담자에게 지금 다루고 있는 문제가 앞으로 재발할 가능성이 있기 때문에 예방 차원에서 심리치료를 계속해야 한다고 말하고 있다. "이 문제를 지금 완전히 해결하지 않으면 장래에 이것이 다시 당신을 괴롭힐지도 몰라요." 내담자는 생각한다. '흠, 당신이 나를 계속 심리치료에 묶어 두려고 하지 않는다면, 내가 조금 더 그 주제를 다룰 준비가 됐을 때 오히려 돌아오고 싶어질 텐데요.'

다른 분야에 종사하는 사람들도 적절한 마감과 후속조치의 중요성을 강조한다(나는 아들의 가라테 교관, 내 치과의사 또는 수리공을 떠올리고 있다). 그러나 그것을 간청하지는 않는다. 그들은 해야 할 말을 하고 클라이언트의 서비스를 계속 받을지 말지에 대한 결정권을 존중한다. 심리치료를 덜 원하는 내담자는 시작한 일을 끝내려고 하는 상담자의 본성을 자극한다. 그러나 내담자가 더 잘 알고 있을지도 모른다. 때때로 작업은 이미 끝났을 수 있다.

2장에서 다룬 15세 된 헬렌의 이야기로 돌아가 보자. 그녀는 상담자의 눈 밖에서 은밀히 변화하는 것이 필요한 아이였다. 그리고 그녀는 그대로 했다. 상담 중에 별말 없이 앉아서 부모의 걱정을 가만히 듣고 있었던 그녀는 이전의 행동을 계속한다면 심리치료를 계속하게 될 것이고 또 부모의 간섭도 심해질 것이라는 것을 알았다. 그녀는 대마초를 끊었고 어머니와 더 이상 논쟁을 벌이지 않게 되었다. 성적도 올라가기 시작했다. 내겐 그것이 충분했지만, 그녀의 어머니에게는 충분하지 않았다. 그녀는 내게 이렇게 말했다. "헬렌이 바뀐 것에 대해 매우 만족하고 있어요. 그 아이는 정말 지난 몇 주간 많이 바뀌었어요. 말을 안 하니까 어떻게 해서 그렇게 됐는지는 모르겠지만 그 아이가 담배와 대마초를 끊고 학교에서도 나아지고 있으니 얼마나 다행인지. 그런데 솔직히 말해서 아직 한 가지 염려되는 것이 있어요." "그게 뭔데요?" "그 아이의 정동이 여전히 밋밋해요." 그녀의 정동이 여전히 조금 밋밋하다? 그런 차가운 임상적 단어를 골라 쓴 것을 차치하더라도, 나는 이 가정에서 부모의 마음에 드는 자녀가 되는 것이 얼마나 어려운 일인지 짐작이 되어 마음이 씁쓸했다. 물론 헬렌은 그렇게 밝은 아이는 아니었다. 또 그럴 필요도 없었다. 그것은 몹시도 쾌활한 세 언니로 충분했다. 헬렌까지 쾌활했다면 오히려 그 가족은 너무나 흥에 취해 보였을지도 모른다.

"어머니, 헬렌이 사교적이고 생기발랄하지 못하다는 것을 알아요. 저도 그 점이 걸리지 않는 것은 아니지만 지금은 아니에요." 나는 헬렌을 보고 고개를 끄덕였다. “지금 헬렌은 새로운 것을 시도해 보느라 생각이 복잡할 거예요. 게다가 어머니에게는 너무나 생기발랄한 세 따님이 있잖아요. 이 가족의 과제는 헬렌에게 더 많은 감정을 끌어내는 것이 아니라 그녀를 있는 그대로 수용하는 데 있어요.”

상담자는 종종 내담자가 성공적으로 극복한 문제에 대해 마감을 해야만 할 것처럼 느낀다. 그러나 모든 내담자가 그렇게 ‘완벽한’ 마감을 원하는 것은 아니다. 그렇게 하는 것은 오히려 내담자에게서 여운을 빼앗아 갈 수 있다. 특히 청소년으로부터는 말이다. 정확한 마감은 청소년의 변화를 지나치게 부각할 수 있다. 청소년은 자신의 변화가 공공연하게 알려지는 것을 힘들어할 수 있다. 어쩌면 그런 변화를 부정하고 이전 방식으로 퇴행하고 싶어질 수도 있다.

발달적 욕구에 대한 민감성과 정상화

청소년 자녀를 가진 부모 중에는 상담자가 당연시하는 청소년과 가족에 대한 정보나 수치에 대해 잘 모르는 경우가 있다. 일레나의 부모는 16세가 된 딸이 주말 저녁을 부모가 아닌 친구와 지내고 싶어 하는 것에 대해 놀라고 있다. 애덤의 부모는 애덤이 13세 생일 이후에 급속도로 독립성을 주장하는 것에 대해 충격을 받았다. 미리가 15세가 된 후 프라이버시에 대한 욕구가 늘고, 16세에 이성교제를 시작한 것을 두고 그녀의 어머니는 마치 자신에 대한 공격으로 받아들이고 있다. 자녀의 정상적인 발달적 변화에 부모가 이렇게 반응하리라고 누가 생각했을까?

자녀의 발달적 변화를 예상하고 염두에 두고 있는 부모조차도 그들에게 적절한 수준의 철수(고립), 독립성, 언쟁, 기분변화가 어느 정도인지를 가늠하는 데 도움을 받을 수 있는 곳이 필요하다.

- "일레인에게 주말에 아빠 엄마와 조금이라도 시간을 보내야 한다고 주장하는 게 언제가 적절할까요?" 일레인의 어머니가 묻는다.
- "열세 살이 되면 갑자기 자신이 모든 것을 아는 것처럼 행동하게 되나요? 그 애가 버릇없이 구는 건지, 아니면 그냥 더 성인처럼 보이고 싶은 건지 분간이 잘 안 됩니다." 애덤의 아버지가 말한다.
- "마리가 자신의 생활에 대해 뭔가를 내게 감추려고 하는 것이 정상인가요?" 마리의 어머니는 궁금해한다.

이런 경우에 심리치료는 주로 부모교육과 부모를 안심시키는 것이 될 수 있다. 예를 들어, 나는 일레나의 어머니에게 이렇게 답변할 것이다. "레슬리, 일레나가 모든 시간을 친구와 보내고 싶어 하는 것은 당연해요. 만약 당신이 정말 그렇게 하도록 놔둔다면 그게 문제겠죠. 일레나의 관심이 바뀌고 있는 것에 대해, 또 당신이 그것을 인식하고 있다는 것에 대해 얘기해 보세요. 그리고 그녀의 대인관계적 접촉에 대한 욕구가 커지고 있는 것을 존중하면서 동시에 가족과의 유대를 유지해야 하는 것에 대한 책임 또한 잊어버리지 않도록 적당한 한계를 정하도록 하시고요. 일레나가 친구들을 집에 더 자주 초대하도록 하고, 금요일 저녁에 대해서는 조금 양보하시고요. 또 당신과 남편과 일레나가 즐거운 시간을 보낼 수 있는 새로운 방법을 생각해 보시고요. 그렇다면 서로에게 좋은 상황이 되지 않을까요?

일레나는 부모님이 자신에게 더 자유를 주는 느낌을 받을 테고, 당신도 딸을 잃어버렸다는 느낌은 들지 않을 테니까요."

부모는 청소년의 행동이나 반응이 발달적으로 또 심리적으로 예상된 것이라는 것을 이해하지 못할 때가 있다. 스티브는 13세 소년으로 부모가 치료에 데리고 왔다. 그의 부모는 호의적이고 밝은 30대 부부였는데 모든 것을 긍정적으로 보려는 사람들이었다. 그들은 스티브가 부모와 점점 언쟁을 하려 드는 것 외에는 모든 것이 좋다고 말했다. 실제로 스티브는 심하게 불만에 차 있는 것 같았다. 그는 부모가 얘기하는 것은 무엇이든 싸움을 걸려고 했고 곧 내게도 비슷한 방식으로 행동하기 시작했다. 상담 중에 스티브가 사랑했던 친할아버지가 두 달 전에 돌아가셨다는 알게 되었을 때, 나는 이 가정에서는 슬퍼하는 것보다 화를 내는 것이 더 쉬울 수도 있지 않을까 생각해 보게 되었다. 결국 스티브의 부모가 상실이라는 주제를 어떻게 다루어 왔는지를 듣게 되었다. 그들은 할아버지를 잃은 아픔을 대수롭지 않게 넘기려고 했고, 스티브에게 천국에 대해서 또 할아버지가 거기서 얼마나 행복하실지 말해 주었다. 그들은 또한 스티브가 이 모든 일에 대해 남자답게 의연하게 대처하고 장례식 때도 눈물을 보이지 않은 것이 대견하다고 말해 주었다.

"제가 질문을 해도 될까요?" 나는 부모에게 말하고 스티브를 돌아보았다. "모든 가족은 암묵적인 규칙을 가지고 있는데 가족 구성원은 아주 어릴 적부터 그것을 파악하게 되는 것 같아요. 예를 들어, 어떤 가족은 혼돈은 괜찮아도 갈등은 피해야 한다는 규칙을 가지고 있어요. 또 다른 가족은 갈등은 수용하면서도 혼란스러운 것은 견디기 힘들어하는 경우도 있고요. 이 가족은 스티브가 슬퍼하는 것보다

화를 내는 편을 더 수용하는, 그런 규칙을 가지고 있지 않나 싶은데요. 혹시 이 가족에서는 슬퍼하는 것이 용납되지 않는 것은 아닌가요. 어떻게 생각하세요?"

스티브는 천천히 나를 돌아보았다. 그의 눈은 휘둥그레져 있었다. 나는 그에게 "너는 어떻게 생각하니?"라고 묻는 듯한 제스처를 했다. 그는 고개를 끄덕이고는 뒤로 물러나 앉았다. 나는 그것을 "예, 그런 것 같아요."라는 의미의 비언어적 메시지로 받아들였다.

스티브의 부모는 서로를 바라보았다. 스티브의 어머니가 주저하면서 삶의 부정적인 측면보다 긍정적인 측면에 초점을 맞추려고 하는 자신의 성향에 대해 말하기 시작했다. 나는 그들에게 만약 그들이 아들에게 슬픔, 상실, 그리고 우리가 살면서 부딪히는 다른 부정적인 감정을 수용하고 자연스럽게 받아들이는 것을 가르쳐 줄 수 있다면 그것은 아들에게 일생의 선물이 될 것이라고 말해 주었다. 또한 나는 부정적인 감정이 꼭 나쁜 것만은 아니며 우리의 정서를 이루는 또 하나의 색깔일 뿐이라고 말해 주었다. 그들은 그것을 이해하려 했고 자신들이 스티브의 할아버지의 죽음을 어떻게 다루었는지 돌아보기 시작했다. 또한 그들은 스티브의 아버지가 자신의 아버지의 죽음에 대한 애도하는 마음을 가리지 않고 아들에게 보여 주었다면 스티브에게 다른 종류의 교훈을 줄 수 있었다는 것을 깨닫게 되었다. 그 이후로 우리는 딱 한 차례 더 만났고 스티브의 적대적인 행동은 완전히 멈추었다.

그레이스와 리처드는 고3 봄 학기에 딸 루스를 데리고 왔다. 그것은 루스가 대학 진학으로 집을 떠나기 4개월 전이었다. 루스는 툭 하면 언쟁을 벌이고, 너무도 냉소적이어서 가까이하기 어려운 소녀로 변해 가고 있었다. 성적도 떨어지고 있었다. 그녀의 부모는 그녀가 도대체 왜 그러는지 이해하지 못했다. 그들은 나에게 루스를 개인적으로 상담해 달라고 했다. 그들은 딸이 자신의 분노를 이야기로 풀어낼 누군가가 필요하다고 생각했고, 그러면 내년 가을에 새롭게 대학생활을 잘 시작할 수 있을 것이라고 믿었다.

"내가 루스와 혼자 만나는 것은 시간과 돈의 낭비가 될 거예요. 그녀는 부모가 자신에게 과민한 것이 유일한 문제라고 하겠죠. 첫 번째 모임은 모두 함께 만나고, 그런 다음 어떻게 할지 생각해 보죠."

첫 번째 만남에서 드러난 것은 그 가족 전체가 경험하고 있던 분리불안이었다. 루스가 가족을 떠나는 것은 그녀만의 문제가 아니었다. 그것은 가족 모두의 문제였다. 그들은 사람들이 때로 헤어지기 전에 싸움을 벌이는 이유가 그러면 작별인사를 하기가 쉬워지기 때문이라는 것을 이해하기 시작했다. 또한 그들의 언쟁이 서로에 대한 애정의 감퇴를 의미하는 것이 아니라 서로에 대한 애착을 반영한다는 것을 깨닫기 시작했다. 이 이후에도 몇 달 동안 그들은 서로 많이 다투었지만 그것을 심각하게 받아들이지 않을 수 있는 관점을 획득할 수 있었다. 이러한 관점의 변화는 그들이 서로 반목하지 않고 곧 다가올 변화와 헤어짐에 대한 자신들의 방어적인 태도를 웃어 넘길 수 있는 여유를 갖게 했다.

저항에 대한 다른 관점

뉴욕에서 어린 시절을 보냈을 때, 내가 가장 좋아하던 TV 프로그램이 있었다. 그것은 토요일 오전에 방영되는 〈존과 함께 배우는 그림 그리기〉라는 프로그램이었다. 존은 상냥한 TV 호스트였는데 직사각형이나 평행사변형으로 거대한 기차를 그려 내고, 타원과 삼각형, 원뿔 등으로 용맹스러운 말의 머리를 그려 내곤 했다. 그의 가장 훌륭한 기술은 스튜디오의 어린이 관람객이 요청하는 동물이나 물체를 어떤 것이든지 자유자재로 그려 내는 능력이었다. 아이들이 몇 개의 선이나 도형을 그린 종이를 되는 대로 가방에서 꺼내서 말이다. 곡선, 직선, 나선은 그의 손에서 곧 기린으로 변신했다. 또 다른 몇 개의 선은 곧 회전목마가 되었고 동그라미, 직선 그리고 나선은 다시 광대의 얼굴이 되었다. 와! 그런 혼란에서 그렇게 아름답고 의미 있는 그림이 나올 수 있다니. 좋은 심리치료는 그와 비슷하다. 존은 기린의 꼬리가 되기에는 선이 너무 길다든지, 광대를 만들기에는 동그라미의 위치가 좋지 않다든지 하며 불평한 적이 없다. 그는 자신이 가진 것을 가지고 언제나 뭔가 흥미롭고 알아볼 수 있는 것을 만들어 냈다.

어떤 상담은 내담자의 성격에 맞추기 위해서 단호하고 직설적일 필요가 있다. 공감과 인내가 더 효과적인 경우도 있다. 도발적이고 속임수를 쓰는 청소년에게 지나친 인내와 부드러운 태도로는 첫 회기 이상을 기대하기 어렵다. 통찰력과 선의를 갖춘 영혼에게 강경한 태도를 보인다면 내담자는 상담자가 자신의 지적인 측면을 알아보고 존중할 수 있을 거라는 신뢰를 잃어버릴 것이다. 심리치료에 있어서 상담자의 창의성이 가장 필요한 부분은 내담자에게 맞도록 상담자의 접근방식을 조율하는 초기 작업일 수 있다. 그것이 잘 맞는다면 나머지 심리치료는 엄청나게 쉬워진다. 그렇지

▲ 만약 상담자가 자신의 성격이나 심리치료 스타일이 내담자와 잘 맞지 않는다고 느낀다면 그것을 무시하고 뭔가 해 보려고 하기보다는 그것에 대해 직접적으로 언급하는 것이 좋다.

못할 경우 심리치료는 내내 오르막길이 될 수 있다. 만약 상담자가 자신의 성격이나 심리치료 스타일이 내담자와 잘 맞지 않는다고 느낀다면 그것을 무시하고 뭔가 해 보려고 하기보다는 그것에 대해 직접적으로 언급하는 것이 좋다.

- "글쎄, 우리는 아직 서로 스텝을 못 맞추고 있는 것 같은데. 뭘 다르게 하면 될까?"
- "리디아, 만약 우리가 다른 상황에서 만났다면 서로 어울리는 것은 상상도 하기 어렵겠지. 하지만 우리가 여기서 같이 작업하고 뭔가 생산적인 것을 만들어 내는 것을 배우는 것도 의미 있는 일이라고 생각되는데. 너는 어때? 내 말이 너무 진부하게 들리니?"
- "우리 관계는 전혀 진척이 없는 것 같네. 내가 빨간색이라고 하면 너는 노란색이라고 하고, 내가 태양이라고 하면 너는 비라고 하고. 너는 어떻게 했으면 좋겠니?"

비자발적으로 심리치료에 와서 상담자가 상담자로서의 역할을 하기 어렵게 만드는 청소년 앞에서 상담자는 불편해진다. 그러나 그것은 이미 예상된 일이다. 왜냐하면 심리치료의 구조 자체에 그럴 가능성이 내포되어 있기 때문이다. 상담자는 도움을 원하지 않거나 도움을 원하지 않는다고 생각하거나, 또는 또래, TV, 대중문화 등의 영향으로 심리치료에 대한 거부감을 가지고 있는 사람을 돕도록 요청받는다. 다른 전문적인 관계 중에 상담자와 청소년 내담자의 관계와 같은 역동을 재연하는 관계는 드물다. 비자발적인 청소년을 상대하는 의사는 여전히 필요한 약을 처방할 수 있다. 교사도 상담자와 비슷한 도전을 가지고 있지만, 그들에게는 학생의 정서적 안녕에 대한 궁극적인 책임은 없다. 놀라운 것은 정신건강 종사자와 내담자의 관계가 내담자 삶의 다른 관계와는 질적으로 다른 관계로 구별된 적이 없다는 것이다. 또한 심리치료가 그 설정(당신은 나를 돕기 위해 고용됐지만 난 당신의 도움을 원치 않아요. 당신의 도움을 바라기는 하지만 그것을 드러낼 수는 없죠)에 어울리지 않는 대인적 반응(예, 내담자가 도움을 받아 개선되는)를 창출해 내야 한다는 것에 대한 이해가 낮다는 것이다. 청소년의 비자발적인 태도를 '저항'이라고 명명하는 것은 그것이 나타나는 맥락을 고려하지 못한 결과다. 왜 많은 청소년이 얼굴을 잔뜩 찌푸린 채 심리치료실에 들어오는지 이해가 된다.

'저항하는 내담자'라는 용어만큼 임상적 의미가 바르게 설정되지 않은 용어는 많지 않을 듯하다. 내담자가 치료에 '저항하고' 있다면, 그것은 상담자가 그것을 충분히 매력적으로 만들지 못하고 있든지, 아니면 내담자가 그것을 원하지 않든지 두 가지 중에 하나다.

만약 내담자는 치료를 원하지 않지만 다른 누군가가 내담자에게 치료가 필요하다고 생각한다면 상담자는 그 사람을 치료실로 데리고 와야 한다. 왜냐하면 바로 그 사람이 뭔가를 다르게 할 필요가 있기 때문이다. 만약 치료를 원하는 사람이 상담자 밖에 없다고 한다면, 상담자에게는 내담자가 없는 것이다. 내담자가 없다면 상담자는 당분간 심리치료에 대한 마음을 접고 내담자에게 나중에 다시 해 보면 어떻겠는지 물어야 한다. 원하지도 않는 사람에게 심리치료를 파는 것은 소용없는 일이고 자신의 위신을 떨어뜨리는 것이 된다. 상담자가 자신이 타인을 돕고자 하는 선의를 지닌 영혼이라는 것을 사람들에게 설득하는 것이 자신의 의무라고 믿는 것, 그것은 이 전문 분야가 스스로를 비하하는 길이다. 다른 전문가는 이렇게 하지 않는다. 이것은 심리치료에도, 또 이 분야의 홍보에도 도움이 되지 않는다. 사람들은 이런 전문가가 제공하는 서비스를 신뢰하지 않는다.

상담자에게 필요한 변화

더 적극적인 동참과 라포 형성(지나치게 노력하지 않으면서)

대부분의 청소년은 시작처럼 보이지 않는 시작을 선호한다. 심리치료의 도입과 오리엔테이션을 가볍게 처리하고 지나가는 것은 상담자와의 만남에 대한 그들의 불안을 줄여 준다. 오히려 경험이 적은 상담자가 치료 초반에 종종 불안한 모습을 보일지라도, 이런 격식에 얽매이지 않는 시작을 잘하는 경향이 있다.

나는 심리치료를 시작할 때 시작 질문처럼 들리는 질문을 피한다. 특히 청소년을 단독으로 만나고 있다면 더욱 그렇다. "문제가 무엇인지 말해 보렴." "내가 어떻게 도와줬으면 좋겠니?" "오늘은 어떻게 시작하면 좋겠니?"라는 등의 개시 용어는 많은 청소년 내담자를 초조하게 한다. 그러면 그들은 발을 직직거리거나 어깨를 들썩하거나 말을 더듬거린다. 그들은 자신의 문제가 무엇인지 잘 모른다. 어떻게 시작할지도 도무지 알지 못한다. 이런 아이와는 의례적인 시작이 아닌 어디서든 시작하라. 당신이 네 번째 또는 일곱 번째 물어볼 것을 미리 질문하라. 예를 들어, "너는 아버지가 너에 대해 지나치게 걱정한다고 생각하니? 아니면 너무 걱정을 하지 않는다고 생각하니?" 이렇게 단도직입적으로 묻는 것이 내담자에게 오히려 말할거리를 줄 수 있다. 또 다른 좋은 질문은 "어머니가 너를 위해 이 약속을 잡았을 때 너는 어떻게 반응했니?" 이런 질문을 한 후에 상담자는 서서히 청소년이 심리치료에 오게 된 문제에 접근해 갈 수 있다. 이때쯤이면 보통은 내담자와의 라포도 조금 형성이 되어 있어 문제에 접근하는 것이 더 협력적인 분위기에서 이루어질 수 있다. 상담자가 내담자의 침묵과 여담을 편안하게 받아들이고 인내를 가지는 것 또한 치료에서 수용적인 분위기를 조성하는 데 도움이 된다. 상담자가 자신에 대해 편안해하는 것은 더욱이 그렇다.

거절을 개인적으로 받아들이지 않는 태도

상담자는 내담자가 나아지기를 바라지 않는 것을, 그것이 상담자와 관계가 없는 한 상담자 개인에 대한 거절로 받아들이지 않도록 주의해야 한다. 만약 내담자의 이런 상태가 상담자와 관계가 있다면 무엇을 다르게 해야 할지 생각해 보아야 한다. 이것이 상담자와 관계가 없다면, 내담자가 스스로 결정할 수 있도록 놔두어야 한다. 청소년의 경우, 상담자가 해야 할 일은 내담자의 안전을 확보하는 것뿐, 내담자가 나아지도록 강요할 수는 없다. 만약 상담자가 비자발적인 내담자의 흥미를 유발하는 도전을 떠안는다면 적어도 내담자의 태도에 변화가 없을 경우 내담자를 비난하는 일은 없어야 한다. 내담자는 상담자에게 최소한의 예의를 지키는 것 외에 아무것도

▲ 내담자는 상담자에게 최소한의 예의를 지키는 것 외에 아무것도 빚지지 않았다. 상담자는 또한 내담자를 '개종'하려고 해서는 안 된다.

빗지지 않았다. 상담자는 또한 내담자를 '개종'하려고 해서는 안 된다. 내담자의 증상이 상담자의 개인적인 적이 되어서는 안 된다. 내담자와 협력하며 그것을 해결하려고 노력할 때만 그것은 상담자에게 도전이 될 수 있다.

변화에 대한 책임 대신 변화를 위한 조건 조성에 주력

청소년이 자해하는 것, 달아나는 것, 술 마시는 것을 하지 못하게 하는 것이 상담자의 역할은 아니다. 그것이 상담자의 역할이라고 생각한다면, 상담자는 아마 매 회기 내담자의 자해행동이 분노라는 감정에 대한 적절한 반응이 아니라는 것을 설득하려고 초조해할 것이다. 그것은 결코 상담자가 책임질 수 있는 부분이 아니다. 왜냐하면 상담자는 결코 그 부분을 통제할 수 없기 때문이다. 가족치료자 Carl Whitaker는 상담자가 내담자가 나아질지 아닐지에 대해 지나치게 염려하는 것은 오히려 그 부분에 대한 내담자의 책임을 경감한다고 경고했다. 그보다는 치료를 내담자의 성격에 더 잘 맞게 조율하면서 어떻게 하면 내담자가 자신의 딜레마에 대한, 또 새로운 행동적 시도에 대한 책임을 수용하게 할 수 있을지를 고민하는 것이 더 생산적이다.

그러나 미성년자 내담자가 위험한 장난을 하고 있다면 상담자는 그를 보호하기 위한 절차를 취해야 한다. 이런 경우, 미성년자 내담자가 지금 상담을 받고 싶지 않다고 해서 그대로 놔둘 수는 없다. 이런 과정에서 치료적인 것이 우연히 일어나지 않는 한, 이것을 내담자에게 심리치료라고 설득할 필요는 없다(하지만 이런 일은 의외로 자주 일어난다). 상담자가 그가 위험하다는 것을 알린 것에 대해 청소년이 화를 낸다면 그것은 어쩔 수 없는 일이다. 그것은 성인이 간섭할 수밖에 없는 행동(예, 위험한)에 대한 당연한 결과이기 때문이다.

변화의 촉매자로서의 자신에 대한 신뢰

때로 상담자는 무슨 말을 해야 할지 지나치게 염려하다가 자신의 존재 자체가 지니는 영향에 대해 잊곤 한다. 상담자는 심리적 어려움을 겪고 있는 청소년이 상담자가 갈등 상황과 당혹감, 자기의식, 긴장감, 또 좋지 않은 소식을 얼마나 유능하게 다루는지를 지켜보고 있다는 것을 인식해야 한다. 그러므로 상담자는 자신이 다른 사람과 상호작용하는 것을 철저한 중립성하에 감추기보다는 적절한 상황과 시기를 봐서 적응적 행동을 모델링하는 것을 고려해 보는 것이 좋다. 예를 들어, 유머의 활용, 타인의 관점 이해하기, 인내, 솔직성, 겸손, 유용한 갈등해결 방법 등을 상담자가 자연스럽게 보여 주는 것도 유용하다. 심리치료가 무엇보다도 감정적으로 친밀한 작업이라면 상담자가 조금 더 자신의 모습을 자연스럽게 보여 주는 것이 당연하지 않을까?

 제5장

솔직함과 관계

- 솔직함을 더 자주 사용해 보면 어떨까?
- 솔직할 때 주의해야 할 것
- 솔직함과 진정성을 사용하여 직면하기

오랫동안 테크닉 중심의 심리치료에 매료되어 왔던 심리치료 커뮤니티는 이제 조금 더 관계중심적인 방향으로 가고 있는 듯하다. 이것은 바람직한 일이다. 요즘의 청소년에게 부모, 형제자매, 친척, 친구, 조부모, 그리고 그들의 지역사회와의 유기적 연결은 더욱 중요하다.

그러나 치료에서 개인적인 자기개방과 도덕적 언어의 사용을 절제해야 하고, 모호한 설정을 통해 내담자의 갈등과 방어기제가 드러나도록 해야 한다고 배운 상담자에게 관계중심적 심리치료는 당혹스럽게 느껴질 수 있다. 상담자는 이런 의문을 가질 수 있다. 상담자의 내담자에 대한 개인적인 경험을 개방해도 되는가? 어떻게 이런 것을 다루어야 하는가? 상담자의 이런 개인적 경험이 도움이 되기보다는 방해가 되는 것은 언제인가?

상담자는 내담자에게 너무 불투명한, 가려진 상태에 있는 듯하다. 내담자에게 해를 입히지 않고 또 과도하게 영향을 미치기를 꺼리는 마음은 상담자를 지나치게 조심스럽게 만드는 경향이 있다. 이런 태도는 특히 어린 내담자의 흥미를 유발하지 못하고 도움이 되지 않는다. 상담자는 자신이 관찰한 내담자의 성향과 그들의 도덕적, 대인관계적, 그리고 심리내적 딜레마를 더 효과적이고 정확하게 내담자에게 전달하는 법을 익혀야 한다. 상담자의 관점만이 유일하게 옳은 것이라는 인상을 주지 않으면서 말이다. 사람들은 자신의 의견을 강요하지 않으면서 자신이 생각하는 것을 말할 수 있는 사람에게 끌린다. 이런 종류의 상호작용은 심리치료에서도 청소년의 주목을 끌고 흥미를 불러일으

▲
상담자는 내담자에게 너무 불투명한, 가려진 상태에 있는 듯하다. 내담자에게 해를 입히지 않고 적절한 정도 이상으로 영향을 미치기를 원치 않는 소망은 상담자를 지나치게 조심스럽게 만드는 경향이 있다. 이런 태도는 특히 어린 내담자의 흥미를 유발하지 못한다.

킬 수 있다. 청소년을 돕기 위한 더 적극적이고 인간적인 방법을 모색하기 위해서는 중립성과 조심성에 대해 지나치게 고수하는 것을 재고해 보아야 한다.

임상적 격식에 지나치게 얽매이지 않고 진실하게 청소년을 대하는 것은 새로운 개념이 아니다. 그러나 그것에 대한 적절한 정의는 거의 없다. 그것은 또한 쉽게 잘못 해석되는 개념이기도 하다. "나는 늘 그런 식의 심리치료를 하는데." 어떤 상담자는 말할 것이다. "격식 없이 있는 그대로를 말하는 것, 그게 나인걸. 애들도 그걸 좋아하고." 정말 그럴까? 청소년은 임상적인 지식과 훈련을 갖춘 진솔한 상담자와 단순한 친구를 구별할 줄 안다. 그들이 후자를 더 좋아할 수는 있다. 왜냐하면 그 편이 더 쉬운 심리치료가 될 테니까. 하지만 그들은 전자를 더 존중할 것이다. 왜냐하면 그쪽이 더 도움이 된다는 것을 알고 있으니까.

치료에 대한 확신이 없는 내담자와 작업하는 상담자에게 진실함이란 솔직함과 분별력, 사적인 공간에 대한 존중, 그리고 어떤 문제를 언급할 적절한 시기와 관련된 균형감각을 요구한다. 이것은 결코 내담자를 자극할 것이라고 생각되는 말을 아무렇게나 내뱉는 것이 아니다. 이것은 또한 상담자의 불친절한 말에 대한 변명도 될 수 없다. 이것은 머리에 떠오르는 대로 무엇이든지 말하는 것과도 다르며, 내담자와의 힘겨루기를 의미하지 않는다. 이것은 또한 상담자가 자신의 사적인 부분을 노출하거나 솔직하다는 핑계로 자신의 좌절감을 분출하는 기회도 아니다. 내담자의 변화를 촉진하는 진실함과 솔직함이란 내담자를 정면으로 대면하는 가운데 그가 자신에 대해 다르게 생각해 보도록 초대하는 사려 깊은 솔직함을 말한다. 이때 중요한 것은 이것이 내담자에게 변화를 종용하는 것 같은 느낌을 주어서는 안 된다는 것이다. 다음의 예를 살펴보자.

- "너는 네가 게으른 것이 어쩔 수 없는 것처럼 이야기하는구나. 태어난 게 그러니까 그럴 수밖에 없다고."
- 간절한 부모의 제안을 또 거절한 청소년에게는 다음과 같이 말할 수 있다. "너는 부모의 마음을 잃고 있어…."

이런 식으로 관계하고 말하는 것은 단순히 기술이 아니라 하나의 태도라고 볼 수 있다. 이러한 말은 인간적이고, 정직하고, 신선하다. 내담자는 상담자가 진짜로 생각하는 것을 이야기하리라고 기대하지 않는다. 그래서 상담자는 더욱 그렇게 해야 하는지도 모른다.

솔직함을 더 자주 사용해 보면 어떨까

그러나 상담자는 그렇게 하지 말라고 배웠다. 그런 금지명령을 제외하고는 다음과 같은 주저함이 있을 수 있다.

- 회기 중에 또는 상담관계에 문제를 일으킬 수 있는 말을 하지 않을까 하는 염려(예: 갈등, 감정적 흥분, 철수, 침묵 등)
- 치료에서 통제권을 잃지 않을까 하는 염려, 그래서 멍청하게 보이지 않을까 하는 염려
- 솔직함보다는 중립적인 말과 태도가 강조된 훈련과 실습과정

을 거친 후, 무엇을 말해야 할지 불확실한 경우

그러나 솔직함이 적절하게 표현되었을 때 그것은 내담자를 자극하거나 거리감을 조성하기보다 내담자를 진정시키는 효과를 갖는다. 솔직함의 가장 소중한 기능은 내담자의 방어를 멈추게 하고 그들의 주의를 끈다는 것이다. 흥미로운 것은 해석, 직면, 교육적 계몽식의 접근에는 결코 귀를 기울이지 않는 많은 청소년도 상담자가 자신에 대해 이런 식으로 이야기하는 것에는 개방적인 태도를 보인다는 것이다.

이런 식의 개입을 지켜본 일반인은 이렇게 항의할 수도 있다. "이게 심리치료인가요? 이런 솔직함이 청소년 내담자가 분노를 조절하고, 대마초를 끊고, 주먹이나 욕이 아니라 대화로써 갈등을 해결하는 법을 배우는 데 어떻게 도움이 된다는 거지요? 아이들이 무엇을 배우게 되는 거지요?"

아이들은 많은 것을 배울 수 있다. 솔직함과 진실함은 애초에 도움을 요청하지 않았던 청소년 내담자가 무언가를 배울 수 있는 유일한 방법일 수도 있다. 상담자는 때로 이 청소년이 자진해서 치료에 온 것이 아니라는 것을 잊어버린다. 그들의 행동의 비논리성을 성급하게 반박하는 것은 적대적인 환경을 조성할 수 있다. 나는 상담자의 솔직함이 동일한 메시지를 더 잘 전달하고 청소년 내담자와의 관계를 유지하게 한다고 본다. 실제로 상담자에게서 이런 솔직한 말을 듣는 것에 놀란 나머지 그들은 자신이 직면을 당하고 있다는 사실을 눈치채지 못하기도 한다.

15세 된 제나의 예를 살펴보자. 제나는 그녀의 가정이 이사한 것에 대해 화가 나 있었다. 제나가 화난 것에 대해서는 모두들 그럴 수 있다고 보았다. 하지만 그녀의 부모는 딸의 격분하는 태도와 이전 동네로 다시 이사하자는 주장에 대해 염려했다. 매정한 부모처럼 보일까 봐, 또 딸이 더 분노하고 마음을 닫을까 봐 그들은 딸의 태도에 대해 별다른 말을 하지 않았다. 그들은 딸을 달래고 수용하려고 했다. 제나는 점점 더 무례하고 반항적이 되었고, 부모의 허락도 없이 밤늦게 이전에 살던 동네를 찾아가곤 했다. 나는 제나의 그런 당돌한 행동과 분노(제나가 정당하다고 느끼는)를 부모가 받아 주고 있는 것에 대해 놀랐고, 그것을 그대로 말해 주었다.

나는 제나의 부모에게 이렇게 말했다. 가족이 이사를 한 것에 대해 제나가 불만을 가지고 있는 것은 모두 이해를 하는 것 같다고. 그러나 내가 정말 놀란 것은, 제나가 전에 살던 곳으로 되돌아가자는 자신의 요구를 부모가 심각하게 받아들일 것이라고 믿고 있는 것이라고 말해 주었다. 제나는 나를 매섭게 쳐다보았다. 놀라기도 하고 안도가 되기도 한 그녀의 부모는 제나를 보고 나서 나를 보았다. 이제껏 아무도 제나에게 자신의 주장을 지나치게 몰아가다 보면 설자리를 잃어버릴 수도 있다는 것을 말해 주지 않은 듯했다. 나는 제나에게 미소를 지어 보이면서 이런 의미를 담은 어깻짓을 했다. "내가 이런 말을 해서 당황했니?" 화가 난 그녀는 팔짱을 끼고 창밖을 응시했다.

그러나 제나의 부모는 내 말에 생기를 띠었다. 그들이 오랫동안 느끼고 있으면서도 딸의 문제를 더 악화시킬까 봐 하지 못했던 말을 내가 한 것이 분명했다. 내가 한 말은 아주 명석하거나 특별히 새로운 것이 아니었다. 그러나 그것은 무엇이 달라져야 하는지에 대해 언급하고 있었다. 제나의 부모는 달래고 사죄하는 자신들의 태도를 재빨리 버리고 딸이 이전 동네 친구들과 관계를 유지할 수 있는 적절한 방안을 모색하기 시작했다. 제나는 처음에 저항했지만 곧 부모에게 동조했다.

안타까운 것은, 제나가 진작에 그렇게 할 수 있었다는 것이다. 그녀의 부모는 진정으로 이전 것과 새로운 것 사이에 다리를 놔 주고 싶어 했다. 그러나 그녀는 그 대신에 자기주장을 고집하는 쪽을 택한 것이다. 흥미롭게도—아마 이것은 솔직함이 관계를 깨뜨리는 대신 촉진한다는 인증일 것이다—제나는 회기가 끝날 무렵, 앞으로 몇 회기 개인치료를 하고 싶다고 했고 나는 흔쾌히 승낙했다. 그녀와의 개인 심리치료에서 특별한 사실이 드러나지는 않았다. 그녀는 이전에 살던 동네와 친구들을 그리워했고 자신의 삶에 대해 통제권을 상실한 것 같은 느낌을 경험하고 있었다.

심리치료에서 청소년 내담자와 진실하기 위해서는 분별력, 자연스러움, 적절한 타이밍 이상의 것이 필요하다. 그것이 어설픈 시도가 아니라 치료적이 되기 위해서는 상담자가 내담자의 발달적 필요에 대해 예리하게 인식하고 있어야 한다. 한번은 르네라는 상담자에게 슈퍼비전을 준 적이 있었는데, 그녀는 학교를 자꾸 빠지는 습관을 지닌 16세 내담자 크리스틴을 상담하고 있었다. 르네는 크리스틴이 실은 학교로 돌아가고 싶어 한다고 확신하고 있었다. 크리스틴은 재치 있고 머리도 좋은 똑똑한 아이였고, 학교 공부를 다시 시작하고 싶어 안달이 난 듯했다. 그럼에도 르네의 크리스틴에 대한 솔직한 접근은—예를 들어, 학교를 빠짐으로써 크리스틴이 자신의 미래를 망치고 있다고 말해 주는 것—그녀의 신경을 건드리기만 할 뿐이었다.

그것은 당연한 결과였다. 르네의 솔직함은 '무언가를 원한다면, 그걸 얻기 위해 노력해야 한다'는 성인의 논리에서 나온 것이었다. 나는 르네에게 크리스틴과 진전을 보지 못하는 이유는 크리스틴이 180도 다른 논리로 움직이고 있기 때문이라고 했다. 즉, 크리스틴의 논리는 청소년기의 독립에 대한 욕구와 관련이 있었다. 이런 욕구는 크리스틴에게 이렇게 말할 것이다. "만약 학교로 돌아간다면, 사람들은 네가 고분고분 성인이 말하는 대로 따랐다고 생각할 거야." 크리스틴에게는 성인의 강요에 못 이겨서 학교로 돌아가는 것이 치욕적인 패배로 여겨질 수 있었다.

나는 이런 가설을 르네와 나누고 이 딜레마를 크리스틴에게 설명해 주라고 제안했다. "그녀가 자신을 궁지로 몰아가고 있는 것 같다고 말해 주세요. 사실은 학교로 돌아가기를 원할지도 모른다고요. 그것이 스스로의 선택이라고 느낄 수 있는 방법만 있다면요." 나는 또한 르네에게 이 민감한 순간에 내담자에게 더 이상의 제안을 하지 말고 그냥 그녀와 함께 머무르라고 충고했다. 왜냐하면 그것은 크리스틴 자신의 딜레마였고 그녀만이 풀어 나가야 하는 것이기 때문이었다.

르네가 크리스틴과의 다음 만남에서 이것을 언급했을 때, 그녀는 이 어린 내담자의 얼굴에서 안도의 기색이 스치는 것을 보았다. 다음 순간 크리스틴은 르네의 말을 대수롭게 여기지 않는 듯이 어깨를 들썩하더니 다른 데로 눈길을 돌렸다. "그럴 수도요." 크리스틴은 중얼거렸다. 지혜롭게도 르네는 거기서 멈추고 더 이상 그것에 대해 추궁하지 않았다. 그러나 다음 몇 회기에 걸쳐 그녀는 크리스틴이 학교에서 일어나고 있는 여러 가지 일에 대해 말하기 시작한 것을 눈치챘다. 3회기가 지난 후 크리스틴은 아무렇지도 않은 척 가방을 둘러메고 등교했다. 르네가 그 순간에 자연스럽고 솔직한 접근을 시도 했다면, "와! 너 학교로 돌아갔구나. 대단하다."라고 말할 수도 있었을 것이다. 그러나 스스로 삶의 주인이 되고 싶어 하는 내담자의 필요를 인식한 르네는 일부러 별 반응을 보이지 않았다. 그녀는 "안녕, 크리스틴, 잘 지냈니?" 하며 크리스틴을 반겼을 뿐이었다.

어떤 상담자는 어떻게 크리스틴이 학교로 돌아갈 수 있었는지 알고 싶어 할 것이다. 크리스틴에게 어려운 부분은 그것이 아니었다. 심리적 장애물이 제거되기만 한다면, 그녀는 상담자의 도움 없이 혼자서 얼마든지 그렇게 할 수 있었다. 컬링 경기의 예로 돌아가 보자. 일단 빙판에 놓이면 컬링 스톤은 스스로 동력을 받아서 간다. 스윕퍼는 방향과 속도를 조정하기 위해 길을 정리할 뿐이다. 누구도 스톤에게 어떻게 굴러가야 하는지 말하지 않아도 된다. 물론 학교로 돌아갈 의도가 전혀 없는 청소년은 완전히 다른 이야기다. 그러나 크리스틴의 문제는 동기에 관한 것이 아니라 (그릇된) 독립성 추구와 관련이 있었다.

솔직할 때 주의해야 할 것

어떤 상황에 자신을 더 개입시킬수록, 더 자신이 드러나게 마련이다. 내담자와의 관계에서 덜 중립적인 태도를 취하고자 하는 상담자는 자신의 말과 행동이 내담자의 안녕을 위한 것이 되도록 신중해야 한다. 상담자는 부단한 자기성찰과 자기인식의 과정을 밟고 자신의 의도를 지속적으로 확인해야 한다.

- 별로 호감이 가지 않는 내담자나 내담자 가족을 상대하는 상담자는 솔직하다는 미명하에, 또는 그들이 자신의 모습을 직시해야 한다는 이유로, 상대방을 불쾌하게 하거나 깔보는 자신의 말을 정당화하고 싶은 유혹을 느낀다. 심리치료가 진척이 별로 없거나 느릴 때, 답답한 상담자는 자극적이거나 공격적인 말로써 내담자를 조정하는 것을 정당화할 수 있다.
- 치료 중에 부적절한 행동을 하거나 공격적인 청소년은 인내심이 많은 상담자에게서조차도 강렬한 부정적인 감정을 불러일으킬 수 있다. 그런 경우에, 복수심을 느끼는 상담자는 내담자를 찌르는 말을 흘릴 수 있다. 그것은 좋지 않다. 솔직함은 결코 부주의하게 또는 경솔하게 사용되어서는 안 된다. 특히 비아냥거리는 조로 사용되어서는 더욱더 안 된다.
- 도덕적으로 부적절한 행동으로 상담자를 자극하는 청소년을 상대하는 상담자는 솔직함이나 진솔함을 구실로 내담자의 가치관의 부적절함에 대해 강의나 설교를 하고 싶은 충동을 느낄 수 있다. 또한 상담자는 그런 상황을 자신이 선호하는 종교적, 정치적 성향을 피력하는 장으로 삼을 수 있다. 상담자는 이러한 유혹에 빠지지 않도록 각별히 주의해야 한다. 내담자의 동물이나 교우에 대한 명백한 잔인성에 대해 충격이나 실망감을 표현하는 것과, 내담자의 행동에 대해 도덕적으로 훈계하는 것은 다른 것이다.

- 회기가 미궁에 빠졌을 때, 혹은 다음 순간에 무슨 말이나 행동을 해야 할지 난감할 때, 상담자는 마음에 있는 말을 마구잡이로 하면서 막연히 그것이 치료적이기를 바랄 수 있다. 이런 필사적인 행동은 좋은 심리치료라고 보기 어렵다. 또한 그것은 결코 심리치료에서의 진솔성의 예가 될 수 없다.

이처럼 솔직함에 있어서 상담자의 자기성찰과 자기인식은 필수적이다. 그러나 이것은 어렵고 번거로운 작업일 수 있다. 때문에 많은 상담자는 치료에서 조금 더 조심스러운 입장을 취하는 편을 택한다. 그러나 상담자가 아무리 중립적 자세를 취한다고 해도 청소년 내담자는 상담자가 그들에 대해 어떻게 느끼는지 쉽게 알 수 있다. 우리가 어떤 사람의 존재를 반기는지 아닌지 같은 것은 어떻게든 드러나게 마련이다.

▲ 심리치료에서 진솔성과 솔직함의 역설적인 측면은 그것이 진실한 애정과 돌봄이 싹틀 수 있는 공간을 만들어 준다는 것이다.

그러나 여기 흥미로운 것이 있다. 심리치료에서 진솔성과 솔직함의 역설적인 측면은 그것이 진실한 애정과 돌봄이 싹틀 수 있는 공간을 만들어 준다는 것이다. 자신과 상대방의 현재의 관계의 상태에 대해 솔직히 언급할 때마다 왜 관계가 난항을 겪고 있는지에 대해 말할 수 있는 기회도 생긴다.

예를 들어, 지난 몇 주 동안 상담자가 말하는 것을 거들떠보지도 않는 청소년 내담자가 있다고 치자. 상담자는 자신의 무가치함을 느끼고 있다. 어떤 상담자는 자신의 분노가 부적절하게 드러날 것을 염려해서 이런 좌절감을 그대로 안고 간다. 또 다른 상담자는 청소년의 반박하는 태도를 상황을 통제하고 상담자가 필요 없다는 것을 증명하기 위한 것으로, 또는 성인에 대한 복수로 내담자에게 해석을 해 준다. 그러나 또 다른 방법이 있다. 상담자는 이렇게 말할 수 있다. "내가 무슨 말을 한다고 해도 너의 반박을 피하기는 어려울 것 같네. 만약 내가 오레오가 좋은 과자라고 하면 너는 아이들한테는 초콜릿이 좋다고 할 게 뻔해. 이게 네가 생각하는 좋은 시간은 아닐 텐데, 어떻게 하면 이런 분위기를 바꿀 수 있을까?"

이런 솔직함은 내담자와의 관계를 촉진한다. 이것은 개인적이고, 탐색적이고, 또한 상담자가 경험하는 내담자에 관한 것이다. 여기에는 내담자가 바뀌어야 한다는 요구가 들어 있지 않다. 그는 상담자의 말을 고려해 볼 수도, 그렇게 하지 않을 수도 있다. 질문에 답을 할 수도, 하지 않을 수도 있다. 계속해서 상담자의 말을 무시할 수도, 혹은 진지하게 상담자를 대하기 시작할 수도 있다. 그러나 아이러니하게도 이런 솔직한 표현은 청소년이 상담자의 딜레마를 인정하거나 상담자의 생각을 덜 거부하는 결과를 가져올 가능성이 크다. 이것은 말싸움하기를 좋아하는 아이에 대한 짜증을 삼키려던 상담자가 견디다 못해 내뱉게 되는, "변하고 싶으면 제발 내 말 좀 들어!"와 같은 솔직한 말과는 다른 것이다.

만약 상담자가 정말로 내담자를 싫어한다면? 내담자를 좋아할 수 있는 방법을 찾는 것은 상담자의 몫이다. 그것이 가능하다면 말이다. 상담자는 내담자에게서 좋아할 만한 무언가를 발견하려고 애를 쓰든지, 아니면 내담자의 호감이 가지 않는 현재의 모습에 대한 동정심을 끌어올려서 내담자를 좋아하려고 노력하든지 해야 한다.

13세 소녀 리사와 심리치료를 시작했을 때의 일이다. 그녀는 도무지 호감이 가지 않는 내담자였다. 그녀는 비참하고, 우울하고, 심하게 수동적이고, 또 비판적이었다. 그녀가 가진 얼마 안 되는 유머조차 어둡고 잔인했다. 그녀는 나를 청소년의 권리와 자유에 대한 자신의 어설픈 연설의 청중으로 삼는 등 비인격적으로 대했다. 그녀는 기괴한 생활양식을 추구했고 내가 하는 말을 비웃었다.

얼마나 리사를 좋아해 보려고 노력했었는지. 나는 그녀가 얼마나 비참한지, 우울한지, 외로운지에 대해 생각해 보았다. 그러나 내 답은, "그 아이가 외로운 것은 너무나 당연해. 누가 그런 애 곁에 있고 싶겠어?" 였다. 나는 그녀의 아버지가 딸의 기분을 좋게 해 준다면서 그녀를 비하했던 것을 떠올렸다. 나는 또한 모든 것에 대해 암울하고 병적인 기분으로 매일 아침 눈을 뜨는 것은 어떤 것일지, 아무도 관심 없는 주제에 고집하는 것은 어떤 것일지 상상해 보았다. 나는 그녀에게 동정심을 느꼈고 돕고 싶은 마음이 생기기도 했지만, 여전히 그녀를 좋아하지는 못했다.

그러나 어느 날 뭔가가 변했다. 리사는 자신의 생일이 곧 다가온다고 말하면서 아무것도 바라지 않는다고 했다. 나는 그 생각을 반박했다. 그녀는 나를 비웃더니 대답했다. "생일 따위는 관심 없어요." 나는 얼마 전에 자신의 여든 번째 생일을, 세서미 스트리트에 나오는 엘모 캐릭터를 실물 사이즈로 준비할 만큼 성대하게 축하했던 내 어머니를 떠올리고 미소를 지었다. 리사는 내게 뭐가 그렇게 재미있느냐고 물었다. 나는 내 어머니의 생일파티와 실물 크기의 엘모에 대해, 또 내 어머니가 어떤 것도 자신에게 어울리지 않는다고 여기지 않았던 것에 대해 말해 주었다. 아마 그런 긍정적인 태도가 그녀의 장수비결일 거라고 말해 주었다. 내 어머니라면 14세 생일에 자신을 위해 뭔가를 하기에 너무 나이가 많다고는 생각하지 않았을 거라고 하면서 나는 말을 마쳤다.

리사는 오른쪽으로 고개를 홱 돌리더니 그녀의 뺨을 깨물기 시작했다. 내가 자신을 보는지 살피려고 잠시 고개를 든 리사는 우연히 나와 눈이 마주쳤다. 그녀는 슬쩍 미소를 지었다. 그 순간 이 소외되고 슬픈, 모든 사람의 애정을 너무나 능숙하게 거절해 온 소녀에게 내 마음이 열리기 시작했다.

내가 주관하는 워크숍 참가자 중에 한 사람이 이런 질문을 한 적이 있다. 그녀는 너무나 제멋대로 행동을 해서 상담자의 흥미를 완전히 소진하는 청소년과 어떻게 작업해야 하는지에 대해 물었다. 나는 청소년의 극히 부적절한 행동을 통제해야만 하는 상황이 아니라면, 상담자는 몇 가지 방법을 취할 수 있다고 말해 주었다. 최악의 방법은 상벌 체계를 세워서 청소년의 행동을 수정하려는 것이다. 즉, 부적절한 행동을 하면 그가 좋아하는 것(특권)을 제한하는 것이다. 그러나 애당초 상담받기를 거부하는 청소년에게 특권과 상이 될 만한 것이 과연 있을까? 그 모든 것이 인위적인 넌센스가 될 수 있다. 강요에 의해 일어나는 모든 것은 '통제'라는 전제를 바탕으로 한 심리치료다. 그것은 효과적이지 않다.

또 다른 방법은, 청소년의 행동을 반감이나 저항의 표현으로 해석해 주는 것이다. 이것은 첫 번째만큼 부자연스럽지는 않지만 역시 효과가 없다. 이미 자신이 심리치료를 방해하고 있다는 것을 잘 알고 있는 신체적으로나 언어적으로 위협적인 청소년에게 이것은 별 효력을 갖지 못한다. 물론 그 청소년은 치료과정을 방해하고 있다. 그는 자신의 비협조적인 태도에 대해 상담자가 어떻게 반응하든지 관계없이 치료를 원하지 않는다. 상담자가 내담자의 심리치료를 받고 싶지 않은 심정에 대해 깊이 인식하고 그것을 청소년에게 직접적으로 표현하지 않는 한 청소년과 의미 있는 논의가 진행되기는 어렵다. 많은 상담자가 이 시점에서 실수를 하는데 그것은 내담자의 저항을 너무 성급하게 넘어가려고 하기 때문이다. 내담자의 저항 뒤에 있는 이유를 언급함으로써 그들은 그것이 사라지기를 바란다. 그러나 그것은 오히려 내담자가 심리치료실이 아닌 다른 곳에 있기를 바라는 마음을 함께 헤아릴 수 있는 시간을 빼앗아 갈 뿐이다. 어떤 상담자는 이 시기를 대충 지나가려고 하는데 그것은 청소년의 그런 마음을 처음에 간단히 읽어 준 뒤 무슨 말을 더 해야 할지 잘 모르기 때문이다. (예, "여기 오게 된 것이 너의 선택이 아니었다는 것을 알아." 혹은 "이전 상담에서 얻은 것이 전혀 없다고 느끼는 거 알아. 그래서 지금도 아무 기대를 하지 않는 것도.") 그러나 서로 인식하고 있는—비록 무언으로라도—이 주제에 조금 더 머무르는 것은 (반 회기 아니면 몇 회기에 걸쳐서) 그것을 심리치료에서 배제하는 것보다 훨씬 가치 있는 일이다.

비협조적인 청소년과 작업하기 위한 또 다른 방법은 내담자의 행동이 상담자의 그에 대한 감정과 태도에 어떤 영향을 미치는지 내담자에게 이야기하는 것이다. 이것을 꾸짖거나 처벌하는 태도로 전달해서는 안 된다. 또한 설교나 비아냥거림, 혹은 애원하는 식으로 말해서도 안 된다. 그런 태도를 그만 버리라는 식으로 이야기가 진행되어서도 안 된다. 내담자가 왜 그렇게 행동하는지에 대한 상담자의 생각을 덧붙일 수도, 그렇지 않을 수도 있다. 중요한 것은 이러한 언급이 내담자에게 학문적 표명이 아닌 상담자의 개인적인 자기 개방으로 느껴져야 한다는 것이다. 다시 말해서, 상담자는 내담자가 어려운 고객으로 행동할 때 상대방에게 뜻하지 않은 영향을 줄 수 있다는 것을 단순하고 명료하게 알려 주는 것이다. 여기 몇 가지 예가 있다.

- "네가 그렇게 행동할 때면 어떻게 해야 좋을지 잘 모르겠구나. 회기를 멈추어야 할지, 아니면 계속해야 할지도 모르겠고… 하지만 이렇게 가만히 너의 행동을 견디는 것은 아닌 것 같아."
- "네가 왜 이렇게 나를 흔들어 놓으려고 안간힘을 쓰는지 생각해 봤어. 그런데 슬픈 감정만 느껴져. 그것이 네 마음대로 조정할 수 없는 성인을 상대하는 네가 아는 유일한 방법이라는 생각이 들어서 말이야."

이런 상황에서 자신의 감정보다 내담자의 감정을 보호하고 그의 불쾌감을 처리해야 한다고 믿는 상담자는 자신의 삶의 다른 어떤 곳에서도 용납하지 않을 그런 모욕을 견뎌 내려고 한다. 그것이 내담자에게서 오든, 이웃이나 직장 동료 또는 상점 점원에게서 오든, 무례한 것은 무례한 것이다. 청소년이 상담자를 함부로 대하도록 놔두는 것—상담자에게 욕을 하고, 협박하고, 사무실 집기를 파괴하는—은 결코 청소년에게 도움이 되지 않는다. 이렇게 해서는 내담자의 존중을 기대하기 어렵다. 하지만 청소년을 불쾌하게 자극하지 않으면서 그의 행동에 대해 찬찬히 언급하는 것은 어려운 작업이다. 예를 들어 보자.

"네가 이 방의 그림을 때려 부수겠다는 협박을 그대로 실행할지, 하지 않을지 추측하는 게임은 하고 싶지 않아. 그러니까 우리가 어떻게 할지 결정하자. 네가 계속해서 이런 식으로 행동한다면 거주시설의 슈퍼바이저를 매 회기 동참시켜야 할 것 같아. 그렇지 않다면, 내가 별 도움이 되지 못할 것 같아서. 왜냐하면 매 순간 네가 어떤 행동을 벌일지 상상하고 있을 것 같거든." "다른 사람이 같이 있다면, 난 아무 말도 하지 않을 거예요." 내담자가 대답했다. "너는 이미 아무 말도 하지 않고 있는데? 게다가 그건 네가 풀어야 할 딜레마이고. 그리고 난 매번 너의 위협을 참고 넘길 만큼 너를 '말 시키는데' 관심이 없거든. 네가 치료에 오고, 우리가 서로 이야기를 하는 것. 이건 보기보다 간단해. 네가 새로운 아이디어를 얻을 수도 있겠지. 어쨌든 나는 싸우는 것에는 관심이 없어."

때로는 상담자가 아무리 노력해도 특정한 내담자에게 적합한 상담자가 아니라는 것이 드러날 때가 있다. 상담자가 그렇게 느낀다면, 내담자도 그렇게 느낄 가능성이 크다. 일반적으로, 협력관계가 곧 형성될 것이라는 소망에서 그것을 직접적으로 다루지 않고 미루는 것은 실수다. 이런 위태로운 상황에서 상담자의 섬세한 솔직함은 훨씬 많은 것을 가져다줄 수 있다.

"베스, 글쎄 잘 모르겠지만 너랑 나랑 의견이 맞는 부분이 별로 없는 것 같네. 내가 뭔가 도움을 줄 수 있다는 믿음을 네게 심어 주지 못한 것 같아. 네가 너를 도와줄 수 없는 사람과 시간을 낭비하고 있다고 생각할까 봐 염려가 되는구나. 나는 너를 도울 수도 그렇지 못할 수도 있어. 하지만 더 중요한 것은 네가 어떻게 생각하는가야. 때로 네가 다른 상담자를 만났더라면 더 많은 것을 얻었을 거라고 생각하는 것 같아. 이렇게 혼자서 생각하는 것보다 네게 직접 물어보는 것이 나을 것 같아서 묻는 거야."

베스는 아래를 보더니 말했다. "아니요, 여기 괜찮아요." 만약 베스가 다르게 말했다면 상담자는 고개를 끄덕이고는 이렇게 말할 수 있다. "그래, 오늘 모든 것을 다 해결할 필요는 없어. 하지만 내가 이런 생각을 하고 있는 한 너에게도 물어보는 것이 좋지 않을까 했어. 그러면 혼자서 이런 생각을 하지 않아도 될 테니까."

서로 느끼고 있으면서 말하지 않고 있었던 사실을 드러내어 언급하는 것을 통해 뜻하지 않은 협력관계가 형성될 수도 있다. 물론 그렇지 않을 수도 있다. 그렇지 않다고 해도, 적어도 내담자는 상담자의 솔직함과 뭔가 잘 진행되고 있지 않은데 잘되고 있는 척을 하지 않으려는 노력을 긍정적으로 평가할 수 있다. 그 경험도 치료적이 될 수 있다. 설령 그 후의 대화가 상담자를 바꾸는 것으로 진행이 된다고 해도 그렇다. 그것은 이 나이 어린 내담자가 자주 되돌아볼 수 있는 경험이 될 수 있다. 진솔한 만남에 대한 기억은 마음에 남을 것이다.

선의의 솔직함은 상담자가 다른 민감한 문제를 다루는 데도 도움이 된다. 예를 들어, 상담자는 내담자를 도울 수 있다고 믿는데, 내담자는 성별, 인종, 성차 때문에 그것을 의심하고 있다고 가정하자. 이때 내담자의 우려와 묵언의 철수를 지나치기보다는 드러내어 다루는 것이 훨씬 낫다. 이런 문제를 다루는 것은 고도의 의사소통 기술이 필요하지만, 잘 다루기만 한다면 치료의 전환점을 가져올 수 있다.

"크리스, 네가 한 말을 생각해 보니까 내가 너와 너의 선택을 이해하지 못한다고 생각하는 것 같아. 네가 그런 생각을 하는 게 내가 백인이고 네가 히스패닉 계통이라서인지 때때로 염려가 돼. 그래서 내가 너를 이해할 수도, 도울 수도 없다고 생각하는 것이 아닌가 해서 말이야. 그러니?"

만약 크리스가 그렇다고 한다면, 그가 인식하는 자신의 내면, 기억, 개인적 경험, 역사의식 등을 모국어가 아닌 영어로 표현하는 데서 느끼는 한계를 들어 볼 수 있는 귀한 기회를 얻을 수 있다. 그것은 또한 그가 자신과 상당한 문화적 차이를 가진 사람과 관계를 맺고 싶어 하는지, 또 그렇다면 그것이 그에게 어떤 의미를 가지는지에 대한 질문으로 연결될 수 있다. "내가 너를 이해한다면 놀랄 것 같니?" "내가 네게 도움이 된다고 느끼기 시작하면 이상할 것 같니?" "그러면 서로 다른 사람이 어울릴 수 없다는 너의 생각에 혼란이 올 것 같니?" 만약 크리스가 백인 상담자가 히스패닉 소년을 돕는 것이 하나도 걸리지 않는다고 하면, 상담자는 "그럼 다행이구나. 혹시 그럴까 봐 염려가 됐는데. 그런 것에 대해 다르게 생각하는 아이들도 있어서 확인해 보려고 한 것뿐이야."라고 말할 수 있다. 이러한 말은 청소년에게 심리치료실에서는 어떤 이야기도—심지어 '금지된' 주제도—할 수 있고, 또한 상담자가 그런 것에 대해 열린 마음을 가지고 있다는 메시지를 줄 수 있다.

솔직함과 진정성을 사용하여 직면하기

솔직한 대화는 청소년 내담자와 민감한 주제를 다루는 데 도움이 된다. 이는 또한 내담자의 행동이나 태도에 대해 직접적으로 도전할 때도 매우 유용하다. 이것은 상담자인 내가, 나의 존재를 인정하기를 거부하는 17세 테사에게 접근할 수 있었던 유일한 방법이기도 했다. 테사는 그녀의 어머니에 의해 심리치료에 오게 되었다. 그녀의 어머니는 딸을 학교에 보내고, 학교숙제를 하게 하고, 또 자신에게 욕설을 퍼붓는 것을 멈추게 하기 위해 필사적이었다. 테사는 몹시 우울하고, 특히 다른 사람 앞에서는 극도로 무뚝뚝한 아이였다. 그녀가 말을 거는 사람이라고는 그녀가 속한 필드하키 팀의 몇몇 여자아이뿐이었다. 테사는 심리치료에 전혀 관심이 없었는데, 그것은 그녀가 도움이 필요하지 않다고 생각해서가 아니라 심리치료의 효과를 불신해서였다. 테사와 그녀의 어머니와 함께한 첫 번째 회기는 아무런 진전 없이 끝났다. 그래서 나는 두 번째 회기에 테사와의 개별 면담을 계획했다. 두 번째 회기 역시 첫 번째와 마찬가지로 생산적이지 못했다. 그녀는 내게 아무런 영향을 받지 않으려고 단단히 결심한 듯했다. 나는 이렇게 말했다. "나랑 그렇게 관계하기를 꺼리는 것을 보니, 치료에 오는 것이 얼마나 싫은지 이해가 되는구나." "관계를 꺼린 적 없어요." 테사가 말했다. "그렇다면 나를 쳐다보지도, 말을 하지도 않는 다른 이유가 있는지 말해 줄 수 있겠니?" 테사는 어깨를 들썩하더니 다시 침묵했다. 이번에는 조금 다른 종류의 공격적인 침묵이었다. 이것은 그녀뿐만 아니라 다른 사람의 입도 닫아 버리기 위한 침묵이었다. "너는 늘 침묵을 다른 사람이 접근하지 못하게 하기 위해 사용해 왔니?" (나는 "너는 늘 이런식으로 침묵을 이용해서 다른 사람을 접근하지 못하게 하니?"라고 묻지 않았다. 그런 식으로 말했다면 그녀를 도전하는 것처럼 들렸을 것이다.)

테사는 이 말에 흥미를 보였다. 왜냐하면 자신이 사람들에게 영향력이 있다는 것을 아는 것을 좋아했기 때문이었다. 그녀는 나를 보더니 그것이 무슨 뜻인지 물었다.

"테사, 나는 늘 말하고 싶어 하지 않는 청소년을 치료에서 만나. 심지어 그런 경우에도 그들이 내가 말하는 것에 관심이 있다는 것은 느낄 수 있지. 그래서 나는 이야기를 하고, 결국은 그들도 동참하게 되지. 그런데 너는 달라. 너는 나랑 아무것도 하고 싶어 하지 않을 뿐 아니라 내가 너랑 뭔가를 하기도 원치 않아. 심지어 이야기도 말이지. 너는 내가 아무 말도 안 했으면 좋겠지. 그렇지 않니?" "아마도요." 그녀의 대답이었다. 나는 "그렇구나."라고 하며 고개를 끄덕였다. 더 무언가를 할 수도 있었지만 이번에는 서로 동의한 시점에서 멈추고 싶었다. 그것이 보잘것없다고 해도 지금으로는 충분했다.

다음 회기에 테사는 나와 눈을 맞추었다. 그뿐이었다. 그녀는 자신의 문제가 상담으로 해결될 수 있는 것이 아니라고 하면서 그만 만나자고 했다. 나는 그것은 그녀와 그녀의 어머니가 결정해야 할 문제라고 말했다. 다른 주에 살고 있는 테사의 아버지는 딸에게 아무런 영향력이 없었다. "우리 엄마만 만나세요, 그럼. 심리치료가 도움이 된다고 생각하는 것은 엄마니까요." "벌써 그렇게 했어, 테사. 첫 번째 회기에서 네가 중간에 나가 버렸을 때 우리는 충분히 이야기할 시간이 있었는 걸." 테사는 눈을 돌리더니 자기도 모르게 미소를 지었다. 나는 계속했다. "어머니는 네가 여기 있어야 한다고 생각하시기 때문에 별 성과가 없었지만 말이야. 어머니가 여기 계실 때, 너는 그것을 어머니를 내몰기 위한 기회로 사용하고. 지난주 어머니는 이 방에서 나가고 싶어서 초조해하시는 것 같았고, 어머니가 나가시자 너는 안도의 한숨을 쉬는 것 같던데." 테사는 다시 미소를 지었다. 그러나 이번에는 그것을 감추려고 하지 않았다. 그녀는 사람들을 불편하게 만드는 것으로 영향력을 행사하고 싶어 하는 것 같았다. "지금까지 네가 아무런 질문도 하지 않은 것이 놀라워." "내가 왜 당신에게 질문을 해야 하죠?" 테사가 답했다. "진짜로 관심이 있어서가 아니라 네 생각을 증명할 기회를 찾기 위해서 말이야." "어떤 생각이요?" 테사는 재빨리 물었다. "너를 도우려고 덤벼드는 사람은 누구나 그것이 소용 없다는 무기력감을 느끼게 될 거라는 것이지." 테사는 잠시 나를 노려보더니 자신의 행동을 의식했다. 그러고는 아무 말도 하지 않았다. 여기서 내가 다루려고 했던 것은, 테사가 대인관계를 회피하는 이유가 그녀의 고립을 뒤흔들고 싶지 않아서라는 것과 아무도 그녀를 도울 수 없고 그런 시도를 하는 사람은 후회하게 될 것이라는 그녀의 신념이었다.

또 다른 회기에서 나는 이 우울한 소녀와 작업하는 데 나의 개인적 (생각과 감정의) 개방을 활용하였다. 테사는 어머니와 거의 매일 싸우는 것에 대해 말했다. 어머니와의 싸움은 테사가 계획한 것이었다. 그녀는 내가 중재를 해 주기를 바랐지만, 나는 그것이 그녀가 진심으로 바라는 것이 아니라는 것을 알았다. 내가 만약 그 미끼를 물었다면, 그녀는 내 아이디어를 묵살했을 것이다. 테사는 나의 조언을 바라지 않았다. 그녀가 원한 것은 일종의 승리였다. 내가 그녀의 기대에 걸맞게 행동하지 않자 그녀는 성을 냈다. 그러고는 내 결정을 반박했다. "우리 싸움에 뭔가 도움이 되는 말을 하지 않을 건가요?" "뭘 말해야 상황이 변할 수 있을지 모르겠어. 또 네가 정말 내가 뭔가 말해 주기를 바라는지도 잘 모르겠고. 내 느낌에는 내 생각이 얼마나 형편없는지 말해 주고 싶어서 일부러 조언을 요구하는 것 같아." "아마 그럴지도 몰라요." 나는 미소를 지었다. "사실 정말 엄마가 화나는 것을 보고 싶어요. 게다가 우리가 서로 싸우든 말든, 내가 엄마에게 하루 종일 욕을 하든 말든 당신에게 뭐가 문제겠어요?"

"테사, 네가 옳아. 결국 그건 내 문제는 아니야. 하지만 그게 너한테 전혀 문제가 되지 않는다는 것은 정말 믿기가 어렵구나."

테사는 입술을 깨물면서 나를 쏘아보았다. 나는 어머니랑 그렇게 거칠게 싸우는 것이 그녀에게 전혀 문제가 되지 않는다는 것을 믿을 수 없다고 하지 않았다. 대신에 그런 일이 반복될 경우 영향을 받지 않는 사람이 있다는 것을 믿기 어렵다고 했다. 다시 말해서, 내 말은 테사보다는 내가 가진 인간관계에 대한 일반적인 생각—자신의 어머니와 수년에 걸쳐 무의미한 싸움을 하는 것이 그 사람에게 강력한 부정적인 영향을 미칠 수밖에 없으리라는—과 관련이 있었다. 테사에게 무언가를 달리하라고 한 것은 아니었다. 나는 그저 그녀가 그렇게 하고 싶어 하지 않는 것에 대해 놀라움을 표시했을 뿐이었다.

나는 결국 테사와 그녀의 어머니를 도울 수 없었다. 더 이상 치료를 진척할 방도를 찾지 못했다. 부모를 만나 보았지만 소용이 없었다. 나는 그들에게 조금 더 잘 맞는 상담자와 일해 보는 것이 어떻겠냐고 제안했다. 또 한편으로 나는 테사가 자신이 누구도 도울 수 없는 사람이라는 생각에 지나치게 사로잡혀서 치료가 효력을 갖기 어렵다고 보았다.

그러나 4개월 후 나는 다시 도움을 요청하는 테사 어머니의 전화를 받았다. 테사가 극도로 우울한 상태에 있고 나를 보기를 원한다는 것이었다. 그러나 그때 나는 마침 가족 중에 누가 사망한 관계로 며칠 동안 심리치료를 쉬고 있었다. 나는 나보다 나이가 많은 남자 동료를 소개해 주면서, 우선 급박한 위기 상황을 처리할 수 있을 거라고 했다. 테사는 이 새로운 상담자를 선택했고 그와 치료를 계속하기로 결정했다. 가끔 그 동료를 복도에서 만날 때면, 그는 “휴, 그 테사라는 아이 말이야…….”라고 했다. 나만 그녀와 어려움을 겪은 것은 아니었던 것이다. 그녀의 이야기는 내담자가 상담자의 도움을 거절할 때, 그것을 너무 액면 그대로 받아들일 필요는 없다는 것을 상기시켜 준다. 어떤 사람은 자신이 필요한 것을 알아도 그것을 요청하는 데 어려움을 겪는다.

Adolescent Therapy that Really Works | 제6장

개인치료의 난관 헤쳐 나가기

■ "도와주세요! 이 아이는…"

상담자의 능숙한 노력에도 불구하고 심리치료가 좌초될 때가 있다. 예를 들어, 내담자가 말을 하지 않거나, 더 이상 치료에 나타나지 않거나, 정서적으로 철수하거나, 적대적이 되는 경우가 있다. 또 내담자가 사리에 맞지 않는 이야기를 하면서 치료에 진전을 보이지 않을 때도 있다. 심리치료가 좌초되는 이유는 개인의 성격이나 대인관계의 다양한 요인만큼이나 수도 없이 많다. 또한 관계에 영향을 미치는 외부 요인도 많다. 이 중에는 밝혀지지 않은 요인도 많다. 의도는 좋지만 지나친 간섭을 하는 부모와 대판 싸운 날 아침, 샌디는 자신의 엉망이 된 삶을 도와주려는 모든 성인의 노력을 경멸할 수 있다. 동생을 괴롭힌다고 부당하게 야단을 맞은 제이는 하루 종일 화를 품고 있다가 그날 저녁 상담시간에 분풀이를 할 수 있다.

치료가 미궁에 빠진 것을 감지한 상담자는 어떻게든 그것을 풀어보려고 하지만, 때때로 그런 노력이 오히려 상황을 더 악화시키기도 한다. 화가 난 반항적인 청소년은 상담자에게 치료가 궤도를 이탈했다는, 혹은 상담자가 적절하게 내담자를 통제하거나 치료에 참여시키는 데 실패했다는 확실하고 불쾌한 감정을 불러일으키는 것에 달인이다. 실제로 내담자를 통제하거나 치료에 참여시키는 것은 상담자가 통제할 수 있는 것이 아니다. 만약 상담자가 이런 것을 통제할 수 있는 것처럼 행동한다면, 그는 내담자를 치료에 참여시키는 데 실패할 뿐 아니라 치료자로서의 자신의 영향력 또한 손상하는 꼴이 된다. 즉, 그는 청소년의 신뢰를 잃게 된다. 상담자가 자주 하는 실수는, 청소년의 안녕에 지나치게 사활을 건 나머지 그의 참여를 구걸하는 것이다. 그러나 내담자가 스스로 원하는 것 이상으로 상담자가 내담자의 변화를 갈구해서는 안 된다. 열정을 가지고 최선을 다하는 것과 다급해하는 것은 다르다. 전자는 내담자의 흥미를 불러일으키거나, 더 나아가서는 치료에 참여할 동기를 부여한다. 하지만 후자는 개인의 권리를 지나치게 침해하는 것처럼 느껴져서 내담자의 수동성과 분노를 자극할 수 있다. 상담자는 내담자에게 다가가는 방법에 대해 수년간의 대학원 과정과 워크숍을 통해 배운다. 그러나 내담자가 상담자와 관계를 맺고 싶도록 동기 부여하는 것에 대해 잘 배운 상담자는 많지 않다. 그러다 보니 심리치료에서 상담자는 지나치게 노력하거나 내담자를 '돌보려는' 듯이 비칠 때가 많다.

> ▲ 상담자는 내담자에게 다가가는 방법에 대해 수년간의 대학원 과정과 워크숍을 통해 배운다. 그러나 내담자가 상담자와 관계를 맺고 싶도록 동기 부여하는 것에 대해 잘 배운 상담자는 많지 않다.

여기서는 심리치료 중에 흔히 발생할 수 있는 몇몇 상황과 그 상황에 대한 적합한 개입방법을 제시하고자 한다.

"도와주세요! 이 아이는…"

"… 도무지 말을 안 해요"

심리치료에 들어오는 청소년이 의사소통 불능 상태가 되는 데는 다양한 이유가 있다. 많은 청소년은 너무 불안해서 정말 무슨 말을 해야 할지 모른다. 자신의 말이 분석당하고, 비난당하고, 무시당할까 봐 경계하는 아이도 적지 않다. 자신의 감정을 가둬 두려 하는 아이는 심리치료를 판도라의 상자로 생각하기도 한다. 또 다른 청소년은 상담자가 싫어서 거리를 두려고 하거나, 또는 침묵으로 일관함으로써 치료를 통제하고 상담자보다 우위에 서려고 한다.

내 내담자였던 니나처럼, 치료에서 뭔가 생산적인 것을 만들어 내야 한다는 부담감을 이미 느끼고 있는 아이는 상담자의 대화 초대에 즉각적인 거부감을 느낀다. 일반적으로는 치료에서 자신의 문제에 대해 이야기해야 하는 부담감을 실제로 경험한 후에 이런 감정을 갖게 된다. 그러나 니나의 경우는 달랐다.

내가 니나를 만난 것은 거주형 치료시설에서였는데, 그녀는 건방지지만 호감이 가는 16세 소녀였다. 그녀는 주정부 산하 아동 · 청소년 보호 기관을 통해 치료시설로 보내졌다. 그녀는 정서적 방치, 신체적 학대, 긍정적 관계의 부재 등의 경험을 가지고 있었다. 그런 그녀의 성장배경은 학교를 거부하고, 시설의 다른 여자애를 괴롭히고, 남자애들을 놀리는 행동으로 나타나고 있었다.

니나는 노골적으로 뻔뻔스러웠고, 상담 중에는 견고한 침묵을 유지했다. 그녀는 미소를 짓기도 하고, 가끔 정보를 흘리기도 하고, 짧은 이야기를 하나둘 하기도 했지만, 치료는 별다른 진척을 보지 못하고 있었다. 나는 친구들과는 그렇게 재미있게 수다를 떠는 그녀가 나와는 대화를 이어가기 힘들어하는 이유에 대해 물었다.

"선생님이 뭘 말하고 싶은지 알겠어요." 니나가 답했다. "그래?" 내가 답했다. "선생님이 무슨 말을 듣고 싶어 하는지 알아요. 선생님 같은 상담자는 다 똑같죠." "내가 뭘 듣고 싶어 하는데?" 내가 물었다. 나는 진심으로 니나의 답이 궁금했다. "선생님은 내가 나의 끔찍한 어린 시절에 대해 말하기를 기다리고 있잖아요. 내가 얼마나 거절당하고 방치되고 학대받았는지, 또 얼마나 자살 충동에 시달리고, 분노에 차 있는지 등등 말이에요. 그게 듣고 싶은 거죠."

"와." 나는 순간적으로 이렇게 반응했다. 그러고는 말했다. "너는 논쟁을 할 상대조차 필요하지 않은 것 같구나. 너 혼자서 나와 논쟁을 벌이고 있으니 말이다." 니나는 씨익 웃더니 물었다. "무슨 뜻이죠?" 그녀는 내 말의 의미를 정확하게 파악했지만, 내 입으로 직접 그것을 듣고 싶은 모양이었다. 나는 언젠가 Robert Kravis 박사에게서 들었던 이야기를 떠올렸다. "네 말을 들으니까 자동차 바퀴가 펑크 난 어떤 남자의 이야기가 떠오르네. 그 남자에겐 타이어를 교체할 연장이 없었는데 얼마 안 되는 거리에 집 한 채가 있는 것을 발견했지. 그는 그 집을 향해 걷기 시작했어. 얼마 되지 않아서 그는 과연 그 집 사람이 자신에게 연장을 빌려 줄지 의심했어. 왜냐하면 결국 그는 길가의 낯선 사람에 불과하니까. 하지만 다른 선택의 여지가 없었던 그는 계속해서 걸어갔지. 그러다 다시 멈춰서 같은 생각을 했지. 절박하게 도움이 필요했던 그는, 그 집 사람이 연장을 빌려 줄 리 없다고 생각하면서도 결국 그 집 문을 두드렸어. 친절하게 보이는 한 신사가 나오더니 바로 물었지. 도움이 필요하냐고. 그 남자는 자동적으로 내뱉었어. '그 잘난 연장 안 빌려 줘도 그만이야!'"

니나는 그 이야기가 재미있는지 한참을 웃었다. 그러고는 나를 똑바로 쳐다보면서 나와 함께 작업할 것에 동의한다는 제스처를 했다. 이후 우리는 9개월 동안 함께 작업할 수 있었다. 그녀는 내가 그녀를 이해하고, 그녀가 자신의 과거사를 이야기하는 것이 그녀에게 도움이 된다면 모를까, 과거사를 퍼 올리는 것 자체에 별 의미를 두지 않는다는 것을 알아차렸다. 나는 남의 사생활을 엿보기를 즐겨 하는 관음증 환자도 고고학자도 아니었다. 나는 그저 어떻게 하면 그녀에게 도움이 될 수 있을까를 진정으로 고민하는 한 성인일 뿐이었다.

이렇게 하라

1 침묵의 저항을 하고 있는 내담자에게 그가 그저 그림자(자신의 상상과)와 싸우고 있다는 것을 알게 하라. 이런 내담자의 대부분은 상담자가 그들을 끌어내려고 한다는 선입견을 가지고 온다. 침묵을 지키는 것은 그런 상담자의 의도를 좌절시키는 것이다. 상담자가 내담자를 억지로 말하게 하는 데 별 관심이 없다는 것을 깨닫게 하라. 그가 침묵하기로 한다면 치료가 진행되지 않는 것밖에 다른 일은 일어나지 않을 것이다. 상담자는 맞서 싸우지 않을 것이고, 그것을 가지고 논쟁을 하지도 않을 것이다. 왜냐하면 내담자 스스로 말하기를 원하는 것이 무엇보다 중요하기 때문이다. 내담자는 이렇게 물을 수 있다. "그렇다면 내가 아무 말도 하지 않는데 어떻게 치료가 될 수 있지요?" 그러면 단순하고 친절하게, 그러나 결코 장난스러운 기색 없이 말하면 된다. 그건 상담자도 모른다고. 만약 내담자가 자신이 침묵하는 이유가 할 말이 아무것도 없어서라고 한다면 다음과 같이 응답할 수 있다.

- 상담자와 내담자가 이 시점에서 어떤 방향으로 나아가야 하는지 내담자의 생각을 물어보라.
- 내담자 가족 중에 할 말이 있는 사람이 있는지 묻고, 그 사람을 치료에 초대하라.
- 그렇다면 혹시 상담자가 언급했으면 하는 것이 있는지 질문하라.
- 만약 심리치료 장면이 아니라면 내담자가 더 말을 했을지 물어보라. 만약 그렇다면, 이것이 치료라는 것이 그녀가 자신에 대해서 말하는 데 어떤 영향을 미치는지 질문하라.

- 어떤 사람은 때로 심리치료가 너무 인위적으로 느껴지기 때문에 치료에서 말을 시작하는 데 어려움을 겪는다는 것을 염두에 두라. 그렇다면 내담자에게 상담자나 내담자가 어떻게 하면 조금 더 쉽게 시작할 수 있을지 의견을 구하라.

침묵과 관계회피를 통해 나에게 뭔가 큰 영향을 줄 수 있다고 믿는 청소년에게는 한동안 극도로 말을 절약하면서 침묵의 저항을 했던 다른 내담자 이야기를 해 주기도 한다. "이 내담자는 (거주시설 내의) 캠퍼스를 다 돌아다니면서 자신이 나를 이겨 먹었다고 말하고 다녔지. 그는 스스로 자랑스러워했어. 하지만 나는 지금까지도 그게 어떻게 승리로 느껴졌는지 이해가 되지 않아. 외롭고 불행한 아이가 외롭고 공허한 승리를 주장한 것이라는 것밖에는." 그러고 나서 나는 곧 주제를 바꾼다. 내담자의 답을 듣고 싶어 한다는 인상을 주지 않기 위해서다. 이 이야기는 이렇게 듣고 지나가는 것이 그것에 대해 긴 토론을 하는 것보다 훨씬 효과적이다. 너무 세세히 살피면 그 의미와 효과가 떨어진다. 만약 내담자가 그 의미를 묻는다면 답을 할 수도 있다. 하지만 내담자가 침묵하는 것이 상담자의 잘못이 아니듯이, 침묵하는 내담자를 말하게 하는 것도 상담자의 책임은 아니다. 상담자의 책임은 창의적이고 방어적이지 않은 자세를 취하면서 내담자가 말을 하고 싶도록 돕는 것이다.

> 내담자가 침묵하는 것이 상담자의 잘못이 아니듯이, 침묵하는 내담자를 말하게 하는 것도 상담자의 책임은 아니다. 상담자의 책임은 창의적이고 방어적이지 않은 자세를 취하면서 내담자가 말을 하고 싶도록 돕는 것이다.

2 협력적 분위기에서 어떻게 하면 침묵을 해소할 수 있을지 내담

자의 의견을 구하라. 이런 접근은 상담자의 역할이 내담자가 말을 하게 하는 것이 아니라 내담자가 그렇게 할 수 있는 분위기를 형성하는 것이라는 것을 강조한다. 또 침묵에 대한 해결책 또한 상담자가 혼자서 그것을 타개해 보려고 노력하는 데 있지 않고, 함께 찾아가야 한다는 것을 강조한다.

이런 초대는 다음과 같이 표현될 수 있다.

- "보자. 솔직히 우리가 뭔가 시작을 못하고 있는 것 같은데? 나도 이 과정을 조금 더 쉽게 만들고 싶은데 어떻게 해야 할지 잘 모르겠어. 어떻게 하면 이 시간이 조금 더 순조롭게 진행될 수 있을까? 너는 혹시 뭐 생각하는 것 있니?"
- "나는 그동안 혼자서 상담을 풀어 가려고 했던 것 같아. 그러다 보니 어리석게도 네 생각을 물어볼 생각도 못했어. 그래, 너는 어떻게 생각하니?"

청소년은 어깨를 그저 들썩할 수도, 또 별 말 없이 상담자를 빤히 쳐다볼 수도 있다. 혹은 모르겠다고 말할 수도 있다. 우선은 그것으로 충분하다. 어쨌든 내담자에게서 구체적인 답을 기대하거나 얻어 내려고 했던 것은 아니니까. 그런 초대를 한 것으로 충분하다.

3 청소년에게 말을 하지 않아도 좋다고 허락하라. 대부분의 상담자는 말을 못하게 금지하는 역설적인 치료명령에 대해 알고 있을 것이다. 그러나 그것은 조금 지나칠 수 있다. 결국 나는 내담자와 대화를 나누기를 바란다. 그러나 억지로 강요된 대화는 사양이다. 내담

자에게 원치 않으면 상담자에게 개방하지 않아도 된다고 허락하는 것은 말을 해야만 한다는 부담감을 줄여 줄 수 있다. 더욱이 이런 허용적인 분위기에서는 침묵이 지니는 매력도 퇴색된다. 이런 방법으로 침묵을 다루는 것은 청소년의 사생활에 대한 존중을 의미하기도 한다. 이것은 변화의 촉매제가 될 수 있다.

4 청소년 내담자와의 개인면담에서 아무런 진척이 없다면 내담자와의 어려움을 호소하거나 내담자에게 불만을 가지고 있는 사람을 치료에 초대할 시점이다. 일반적으로 내담자의 아버지나 어머니가 여기에 해당되지만, 친척이나 관계자(치료가 학교나 거주형 치료시설에서 이루어지고 있는 경우에)일 경우도 있다. 그들은 아마 할 말이 넘칠 것이다. 그리고 상담자는 더 이상 자신이 무엇을 해야 좋을지 잘 모르는 채 앉아 있지 않아도 된다. 내가 청소년 내담자를 단독으로 만나는 경우는 드물다. 특히 첫 회기에는 반드시 보호자를 동석시킨다. 내담자가 17, 18세 이상일 경우나 집이나 학교에서 규율을 잘 지키는 경우, 또 스스로 상담자를 찾은 경우를 제외하고는 말이다.

"상담회기 중에 무례하게 행동해요…"

이런 내담자는 흔하게 발견된다. 상담자는 이런 내담자와의 상담 시간을 두려워한다. 왜냐하면 그 시간이 어색하고, 짜증스럽고, 끔찍하게 느껴지기 때문이다. 이 나이 어린 내담자는 무례하게 굴고, 상담자를 비하하는 말을 함으로써 상담자를 위협하려고 한다. 다음과 같은 말은 아주 귀에 익숙한 말이다. "선생님이 상담자이잖아요.

그것도 몰라요?"

여기서 방어적이 되면 바로 함정에 빠지게 된다. 이런 행동을 하는 청소년은 상담자가 방어적으로 나오기를 바란다. 이렇게 되면 상담이 다시 제 궤도로 돌아가기가 어렵기 때문이다. 이런 아이는 상담자를 무장 해제하는 최선의 방법이 그들의 존재감에 상처를 입히는 것—그들이 내담자에게 도움이 되지 못한다는 것—이라는 것을 잘 알고 있다.

이렇게 하라

1 그런 말을 개인적인 공격으로 받아들이지 말라. 그것은 청소년이 바라는 것이다. 여기에 예가 있다. 조이와 그의 상담자는 조이가 험악한 말버릇과 태도 때문에 교실과 보이 스카우트 모임, 가라테 교실, 그리고 최근에는 친구의 생일파티에서도 쫓겨난 것에 대해 이야기하고 있었다. 조이는 '할 수 없죠'라는 태도로 그런 일에 대한 자신의 책임을 전혀 받아들이지 않고 있었다.

"조이, 너는 왜 이런 일이 자꾸 반복된다고 생각하니?" 자신의 역할에 충실하려는 상담자는 이렇게 묻는다. "몰라요. 선생님은 알아요?" 조이는 코웃음을 쳤다. "선생님이 상담자인데 알아야죠."

- 부적절한 응답 1: "그래, 내가 상담자 맞아. 하지만 왜 사람들이 너에게 자꾸 자리를 피해 달라고 하는지는 너만이 말할 수 있어." (문제는 조이는 그런 말을 하고 싶지 않다는 것이다. 상담자에게나 자기 자신에게나. 그가 말하고 싶지 않은 것을 구태여 물어볼 필요가 있을까? 이런 경우 상담자에게 돌아오는 답변이란 "싫어요." 뿐이다.)

- 부적절한 응답 2: "그게 무슨 말이니?" (지나치게 방어적이다.)
- 적절한 응답: "물론 나도 몰라. 우리가 만난 이후로 너는 너에 대해서 별로 말을 안 했지. 그러니 내가 어떻게 알겠니?"

2 내담자를 반박하지 않으면서도 상담이나 대화가 가라앉고 있는 상황에 대한 그의 책임을 상기시켜 주라. "그렇게 계속 멍청한 상담자적인 질문만 할 거예요?" 14세인 샘은 큰소리로 거침없이 말한다.

이렇게 답할 수도 있다. "그렇게라도 해서 뭔가 대화를 유도할 수 있다면! 솔직히 나도 그러고 싶지 않아. 내가 생각해도 이런 질문이 우습게 들리거든. 그럼 네가 한번 어떻게 해야 할지 말해 보렴."

비아냥거리는 것을 전문가답게 가볍게 넘기고, 상담자가 (내담자에 대해) 몰랐던 것에 대해 아는 척을 하거나 사과를 하지 않으면서 응하는 것은 상담이 진행되지 않는 책임이 누구에게 있는지 따지는 싸움을 미연에 방지하는 길이다.

3 청소년의 그런 말을 한 의도를 함께 탐색해 보라. 여기에서 중요한 것은 섣부른 해석을 함으로써 청소년이 모르는 것을 상담자가 알고 있다는 인상을 풍기지 않는 것이다.

- 부적절한 응답 1: "너에 대해 알아 가지 못하게 하기 위해 나를 화나게 하려는 것이니?"
- 부적절한 응답 2: "혹시 다른 사람이나 너 자신에 대한 분노를 나에게 돌리고 있는 것은 아니니?"
- 적절한 응답 1: "테일러, 나를 당황하게 하려고 결심한 것 같은데.

이렇게 하는 것이 너에게 어떤 만족감을 주는지 궁금하구나."

- 적절한 응답 2: "맥신, 왜 네가 나를 적대시하는지 모르겠구나. 그걸 나 개인에 대한 공격으로 받아들이기도 어려워. 왜냐하면 너는 나를 전혀 모르니까. 네가 진짜 말하고 싶은 게 뭔지 알고 싶구나."

4 청소년의 방어적 태도를 누그러뜨리기 위해 공감을 사용하라. 예를 들어, "솔직히 이 심리치료라는 것이 네게 우스꽝스럽게 보일 것 같아. 너의 부모님은 네가 여기 와야 된다고 생각하시고, 너는 그렇지 않고. 그런데 너는 여기 있고, 부모님은 여기 없고. 부모님도 여기 오셔야 할지도 몰라. 너는 어떻게 생각하니?"

내가 슈퍼비전을 했던 한 상담자는 내담자의 치료에 대한 불만족을 다루면 문제가 더 커지거나, 그것이 더 분명한 현실로 다가오지 않을까 염려했다. 나는 염려하지 말라고 했다. 이것은 심리치료에서 자살에 대한 접근과 비슷하다. 내담자에게 죽고 싶은 마음이 있는지를 묻는 것이 그런 마음을 불러일으키지는 않는다. 오히려 그것에 대해 직접적으로 이야기함으로써 적절하게 대처할 수 있다.

"자기는 문제가 없다고 해요…"

유능한 상담자라면 청소년 내담자가 자신의 문제에 대한 책임을 타인에게 전가하려는 것에 대해 별로 놀라지 않을 것이다. 그러나 놀라운 것은, 많은 경우에 상담자가 이것을 바로잡는 것을 자신의 사명이라고 여기고 있다는 것이다. 청소년에게 자신의 문제가 자신의 선택과 관련이 있다는 것을 인정하게 하는 것이 반드시 치료적이라고 보기는 어렵다. 특히 청소년 쪽에서 이것을 전혀 고려해 볼 준비가 안 된 상황이라면 더더욱 그렇다. 이런 접근은 상담자에 대한 반감을 불러일으킬 수 있다. 또한 청소년이 지금까지와는 다른 행동과 태도를 숙고해 볼 기회마저 앗아갈 수 있다. 때때로 반사적이고 반항적인 청소년과의 심리치료는 그 부모와의 작업이 선행되어야 한다. 상담자는 청소년의 부모가 그들의 기준을 더욱 명확하게 자녀에게 표현하고, 더욱 단호한 한계를 정하고, 그 한계를 벗어나는 행동에 대한 결과를 자녀에게 직면하게 하도록 도와야 한다. 이렇게 부모가 더 견고한 경계와 한계를 자녀에게 적용한 결과로, 자녀는 치료실에서, 또 집에서 문제를 회피하지 못하고 직접적으로 다루게 된다. 이 시점에서 부모는 자녀에게 귀 기울일 준비가 되어야 하고, 개방적이고 유연한 자세로 자녀의 긍정적인 변화를 위해 필요한 지원을 하고자 하는 진심을 전해야 한다.

이렇게 하라

자신이 문제가 없다고 여기거나 심리치료가 무용지물이라고 생각하는 청소년을 앞에 두고 치료를 진행하려고 하지 말라. 대신 그 아이에게 문제가 있다고 생각하는 사람(들)을 치료실로 초대하라. 그 때 내담자가 협조적인 태도를 취할지는 이차적인 문제다. 그 사람이 내담자에게 영향을 줄 수 있고, 내담자의 부적절한 행동이나 비협조적인 자세에 대해 책임을 지울 수 있는 권한이 있으면 그것으로 충분하다. 청소년의 흥미를 고취하려고 보내는 시간은 비생산적일뿐더러 추후에 그것을 치료와 연결하기도 쉽지 않다. 치료에 적극적인 사람과 먼저 작업을 시작하라. 그러면 청소년도 참여하게 될 것이다.

부적절하거나 반항적인 행동이 아닌, 겉으로 잘 드러나지 않는 문제를 청소년의 협조 없이 다루기는 어렵다. 자신의 우울함을 비디오 게임으로 가리고 있는 이혼한 부부의 중학생 아들에게는 문제를 부인하는 그의 태도를 부드럽게 도전해야 한다. 자신의 미래에 대한 불안으로 기능에 장애가 온 고3 학생도 이와 비슷하다. 이런 아이는 아마 도움이 필요하지 않다고, 자신은 괜찮다고 할 것이다. 또 자신의 불안, 우울, 비관적 태도, 통제욕구는 대수로운 문제가 아니라고 말할 수 있다. 가족치료를 통해 그들의 부모가 자녀에 대해 걱정하는 것이 무엇인지 듣는 것도 도움이 된다. 이때 주의해야 할 점은 말하지 않는 청소년을 무리하게 대화에 끌어들이지 않는 것이다. 부모와 상담자가 내담자의 정서적 상태를 설명하고, 이해하려고 노력하고, 공감함으로써 청소년은 간접적인 혜택을 받는다.

그러나 때로는 치료를 다음으로 미루어야 할 경우가 있다. 15세인 카렌은 스스로 심리치료에 왔다. 작년 한 해 동안 나는 카렌 오빠의 등교거부, 성적저하, 집에서의 공격적 태도 문제로 그녀의 가족을 치료했었다. 카렌의 부모는 수년 전에 이혼한 상태였고, 카렌도 카렌 오빠도 감정기복과 통제가 심한 아버지에 대해 반감을 가지고 있었다. 카렌은 꽤 오랜 기간에 걸쳐 지난 몇 년 동안 우울감을 느껴왔다고 했다. 그녀는 자신에게 문제를 터놓고 조언과 지지를 구하는 친구들이 부담스러웠다. 그녀는 아무런 취미도 없었고, 최소한의 신체적 활동만을 하고 있었다. 책을 즐기지도 않았고, 좋아하는 가수조차 없었다.

그녀는 아무런 도움도 원하지 않았지만 그래도 그녀의 상담자(나), 정신과 의사(내가 그녀의 약물처방 문제로 의뢰한), 학교상담 교사, 그리고 어머니가 필요할 때 자신을 도와줄 수 있는지 알고 싶어 했다. 그녀는 이들이 자신의 요구에 따라 움직여 주기를 바랐지만 실제로 그들에게 도움을 요청할 의도는 없었다. 카렌은 어머니에게 나와의 약속을 잡아 달라고 반복해서 부탁했다. 그러나 마지막 순간에 그녀는 치료에 오기를 거부하거나 치료에 올 경우 대화하기를 거부했다. 그녀는 소파에 기대앉아서 내 질문에 별 대답을 하지 않거나, 치료에 참여할 것을 종용하는 어머니에게 짜증을 내거나, 점점 더 뒷전으로 물러나는 태도를 취했다. 그녀는 또한 비아냥거리거나 잘 알아듣지 못하는 척을 했다. 그녀가 원한 것은 심리치료가 아니었다. 그녀가 알고 싶었던 것은 자신이 요구하는 것을 얻을 수 있는지였다.

카렌이 있는 데서 나는 그녀의 어머니에게 이렇게 말했다. 따님에게 중요한 것은 자신이 도움을 요청하면 사람들이 도와주는지 확인하는 것이지 실제로 도움을 활용할 의도는 없는 것 같다고. 카렌이 우울한 상태를 벗어나고 싶어 하는 것을 알지만, 카렌은 도움을 받아들이는 것보다 그 상태를 견디는 편이 더 쉽다고 느끼는 것 같다고. 카렌은 지나치게 독립적이었고, 이것이 친구들이 그녀에게 와서 문제를 털어놓는 이유인 듯했다. 또한 이것이 그녀가 남에게는 아낌없이 베풀고 있는 위로와 지지를 받아들이는 데 극도의 불편감을 느끼는 이유이기도 했다.

나는 카렌과 그녀의 어머니에게 당분간 치료를 미루고 몇 주 후에 다시 이야기를 해 보는 것이 어떻겠냐고 제안했다. 카렌에게도, 그녀가 우울 증상을 완화하려는 상담자의 도움을 받아들이기가 어려웠던 것 같다고 말했다. 나는 또한 우울이라는 것은 사람의 생각에 영향을 미쳐서 이상한, 사실이 아닌 것을 생각하게 되기도 한다고 알려 주었다. 예를 들어, "아무도 나를 돕고 싶어 하지 않을 거야." "그들은 모두 친절한 척을 하고 있을 뿐이야."라든지, "나를 도울 수 있는 사람은 없어." 등등. 나는 그런 생각이 들기 시작하면 주의해야 한다고 말해 주었다. 나는 카렌과 어머니에게 언제든지 필요하면 다시 치료를 재개할 수 있다고 말하고 몇 주 후에 전화로 상황을 알려 달라고 했다. 그동안 나는 카렌의 어머니와 학교상담교사를 통해 그녀가 어떻게 지내는지를 지켜보겠다고 했다.

이 상황에서 가족치료는 가장 명백한 또 하나의 선택일 수 있었다. 나는 카렌의 우울증이 아버지와의 불안정한, 거의 소원해진 관계와 깊은 연관이 있다고 보았다. 그러나 카렌은 이것을 부정했다. 카렌이 아버지와의 치료를 완강하게 거부했기 때문에 그녀의 어머니 역시 어쩔 도리가 없었다. 그녀의 아버지라면 카렌을 심리치료에 끌고 올 수 있었을 테지만, 그것은 이미 황폐할 대로 황폐해진 그들의 관계를 더 악화시키는 것이 될 수 있었다. 그 방법은 적합하지 않았다. 치료를 중단한 것이 내가 원했던 결과는 아니었지만 카렌이 자신의 페이스에 맞추어 움직일 수 있게 하는 방법이었다.

나는 몇 달간 카렌을 만나지 못했지만 어머니와의 전화로 그녀의 근황을 듣고 있었다. 카렌은 그런대로 잘 지내고 있다고 어머니는 말했다. 그녀는 친구들과 조금 더 시간을 보내고 있고 집에서도 전보다 덜 슬픈 표정을 짓고 있다고 했다. 카렌은 자신이 원하면 언제든지 나와 약속을 잡을 수 있다는 것을 알고 있었다. 카렌의 어머니는 그녀가 정서적으로 사회적으로 더 안정되기 바라지만, 우선 위급한 상황은 지났다고 보는 것 같았다. 카렌은 더 이상 우울하다고 호소하지 않았고 자신의 삶에 유익이 되는 결정을 잘 내리고 있는 듯했다. 학교에서도 그녀는 잘해 나갔고, 어머니와의 관계도 좋아졌다. 하지만 아버지와의 관계만큼은 여전히 거부하고 있었다. 이 시점에서 나의 계획은 이듬해 학교가 시작할 때 다시 그녀와 연락을 취해서 가족상황에 어떤 변동—변화의 촉매제가 될 수 있는—이 있는지 살펴보는 것이었다.

"상담자를 신뢰하지 않는다고 해요…"

전형적인 계책 중의 하나다. 돕고 싶은 마음이 충천한 상담자를 앞에 두고 말을 하지 않는 청소년은 상담자가 자신의 돕는 능력을 증명하도록 부추긴다. 그러나 어떤 것도 그것을 증명하기에 충분하지 않다. 청소년은 점점 더 이의를 제기하고, 상담자는 자신이 신뢰할 만한 사람이라는 것을 보여 주기 위해 더 노력하게 된다. 이 상황에서 빠져나오는 (내가 알고 있는) 최선의 방법은 심리치료가 진척을 보이기 위해서 내담자가 상담자를 반드시 신뢰해야만 한다는 고정관념을 버리는 것이다. 어쨌든 신뢰란 상대적이고 손에 잘 잡히지 않는 개념이다. 누가 무엇을, 무슨 말을 하기 위해 상담자를 믿고 안 믿고 한단 말인가? 청소년의 비밀을 잘 지켜 주지만, 판단력이 부족한 상담자가 전체 가족이 있는 데서만 이야기를 듣는 상담자보다 과연 더 유능하다고 볼 수 있을까? 신뢰보다 더 중요한 것은 상담자의 유능성, 분별력, 선한 의도, 그리고 문제를 개념화하는 능력이 아닐까? 배경과 세부 사항에 대한 지식이 결여된 상태에서 신뢰라는 개념은 내담자가 상담자에게 주는 의미 없고 불필요한 선물일 수 있다. 그것은 상담자의 유능성에 대한 내담자의 판단에 별 영향을 끼치지 못한다.

이렇게 하라

1 심리치료를 다양한 전제 위에서 이루어지는 과정으로 재정의하라. 신뢰가 필요할 때도 그렇지 않을 때도 있다. 상담자를 신뢰할 수 있을지 모르겠다는 청소년 내담자의 말을 다음과 같이 다룰 수 있다.

"그래. 하지만 그게 우리가 대화하는 데 무슨 상관이 있니?" "선생님을 신뢰할 수 있을지 모르는데 내가 어떻게 얘기를 할 수 있겠어요?" "글쎄다. 어떤 것을 편하게 얘기할지, 어떤 것을 피할지, 그건 네가 결정해야겠지. 이 상황에서 네게 도움이 될 만한 것이 있다면 말해 주렴."

청소년이 그것을 염려할 만한 진정한 이유가 있다면 그는 적합한 질문을 할 것이다. 예를 들면, "내가 선생님에게 말한 것을 우리 부모님에게 말하지 않으리라는 것을 어떻게 알아요?"

"모르지. 네가 모르는 것이 당연해. 왜냐하면 나도 우리가 무엇을 이야기할지 알기 전에는 모르거든. 만약 네가 위험에 처하거나 네 부모님이 알 권리가 있다고 생각하는 무언가에 관계된다면 내가 가만히 앉아서 비밀을 지키는 것이 바른 행동은 아닐 거야. 그건 내가 지켜야 하는 것이 아니지. 만약 개인적인, 다른 사람이 개입되지 않은 문제나 우리가 안전하고 빠르게 여기서 다룰 수 있는 문제라면 그건 또 다른 이야기이고. 빌리, 네가 신뢰해야 하는 건 내가 너의 비밀을 지킬지 아닐지가 아니라 내가 어떤 문제가 발생해도 너를 위한 최선의 판단을 할 수 있느냐일 거야."

2 내담자가 치료에서 말을 하는 것이 상담자에게 어떤 보상을 하는 것이라고 믿도록 놔두지 말라. "나는 선생님한테 내 얘기를 다 해야 하는데, 선생님은 어떻게 자기에 대한 이야기를 전혀 안 해도 되죠?" "보니, 선생님한테 모든 것을 다 얘기할 필요는 없어. 그렇게 하고 싶다면 너무 좋지. 하지만 그렇지 않다면 그럴 만한 이유가 있으리라고 생각해." "그럼 선생님은요? 선생님은 왜 자기에 대해 아무 말도 안 해요?"

- 부적절한 응답 1: "왜냐하면 상담자는 자기에 대해서 말하는 게 아니거든. 이건 너에 관한 것이고 너를 위한 것이니까." (너무 설교조이고 인색하다.)
- 부적절한 응답 2: "내가 나에 대해서 뭔가 말하기 전에는 너도 너에 대해서 말하지 않겠다는 것으로 들리는데. 나에 대해서 아는 것이 왜 중요한지 궁금하네. (이것은 대화를 멈추게 한다. 내키지 않아 하는 청소년 내담자에게 그런 답변을 요구해야 할까? 더욱이 돌아올 답변은 이미 정해져 있는데 말이다. 그들은 시간을 벌려는 것이거나 상담자를 파악하려는 것이거나 일방적으로 자신을 개방하는 것을 어색해하는 것이다. 그것을 나무랄 수 있을까? 여기에 더 탐색해야 할 무엇이 있을까?)
- 적절한 응답 1: "보니, 나한테서 뭔가 듣고 싶은 것이 있니? 많은

얘기를 할 수는 있어. 하지만 우리가 먼저 대화를 해 봐야 그게 뭔지 알겠는데."

- 적절한 응답 2: "보니, 결국 나는 내 자신에 대해서 이야기를 하게 될 거야. 나는 내가 무엇을 생각하는지, 느끼는지, 때로는 무엇을 하는지 내담자에게 말하지. 그러나 그것은 우리가 의식하지 않을 때 자연스럽게 일어나는 일이야. 우리가 나누는 대화에서 나오게 될 거야."
- 적절한 응답 3: "정말 나에 대한 어떤 사실이나 어떤 것을 알아야만 이야기하기가 편하다면 네가 알고 싶어 하는 것에 대해 곧 말해 줄게. 하지만 네가 이러는 것은 이 상황이 어색하게 느껴져서가 아닐까? 네가 자진해서 마련한 자리가 아니니까 말이야. 네가 혹시 '이렇게 마주 앉아서 알지도 못하는 선생님에게 내 모든 비밀을 얘기해야 한다니 말도 안 돼. 선생님이 하는 것이라곤 그저 듣고 나를 빤히 쳐다보는 것뿐인데.'라는 생각을 하는 것은 아닌지. 여기서 내가 약속할 수 있는 것이 많지는 않지만 너만 다 이야기하도록 놔두지 않겠다고 약속할게. 그리고 빤히 쳐다보지도 않을게."

3 지킬 수 없는 약속을 삼가라. 최근에 내가 슈퍼비전을 주고 있는 상담자인 게리가 나에게 도움을 요청해 온 일이 있다. 그는 16세 남자아이를 치료하고 있었는데, 치료 중에 그가 자신이 매일 대마초를 상습적으로 흡연하고 있다는 사실을 고백했다는 것이었다. 그의 부모는 아들이 간혹 대마초를 피우는 것으로 알고 있었다. 게리는 어떻게 해야 할지 고민했다. 그는 이 문제가 내담자가 치료에서 다

루고 넘길 정도를 이미 넘었다고 판단했다. 하지만 그의 내담자는 비밀이 보장된다고 생각하고 있었다.

게리는 치료회기 중에 나누는 모든 이야기가 비밀보장이 된다고 실수로 약속했던 것이다. 그런 약속은 애초에 해서는 안 되는 것이었다. 나는 내담자에게 말을 시킬 의도로 비밀보장을 제공하는 상담자의 경우를 알고 있다. 이 경우도 그런 경우였다. 그러나 내담자에게 전달되는 메시지는, 내담자가 말을 하는 것이 내담자 자신에게보다 상담자에게 더 중요하고, 그것을 위해 상담자는 뇌물성의 무언가를 제공할 수도 있다는 것이다. 이런 선택은 상담자가 점점 통제가 안 되는 내담자의 행동에 대해 그의 부모에게 알려야 할 윤리적 책임 때문에 결국 자신이 한 말을 번복해야 하는 난처한 상황을 가져온다. 즉, 상담자는 내담자의 신뢰를 잃게 된다. 게리의 경우가 바로 그런 경우였다.

"자꾸 싸움을 걸려고 해요…"

나는 이전에 한 소녀를 치료한 적이 있었는데, 그것은 매우 끔찍한 경험이었다. 아침에 당일 예약된 내담자를 확인하기 위해 일정을 체크하다가, 그녀의 이름이 보이면 나도 모르게 "아이쿠."라는 말이 새어 나올 정도였다.

16세의 바이올렛은 내가 치료한 청소년 내담자 중에 가장 힘든 아이였다. 나는 그녀의 17번째인가 18번째 상담자였는데, 그녀는 상담자를 장난감처럼 가지고 놀았다. 바이올렛은 주위의 모든 사람을 불편하게 만들고 거리를 두는 것에 집중한 나머지 정작 자신에게 필요한 도움을 구하는 일은 뒷전이었다.

그녀는 나를 찾기 일주일 전 거식증과 우울로 병원에 입원을 했는데 그때 그녀의 담당 정신과 의사가 그녀를 나에게 의뢰했다. 그녀는 이전에도 몇 번 병원에 입원한 적이 있었는데, 그녀의 도발적 언행과 사람을 마음대로 조정하려는 태도는 이미 병원 직원에게 정평이 나 있었다. 담당 정신과 의사가 그녀에게 퇴원하라고 하자 그녀는 즉시 자살할 거라고 그를 위협했다. 의사는 "그렇다면 할 수 없지."라고 답하고 그녀를 나에게로 보냈다. 참 고맙게도 말이다.

바이올렛의 첫마디는 그녀가 나에게 보내진 것은 그녀를 받아 주겠다는 다른 상담자가 없어서라는 것이었다. 그녀는 내가 그 이유에 대해 묻기를 기다렸다. 그녀는 자신이 얼마나 엉망인지에 대해 말할 준비가 되어 있었다. 나는 그 이유를 묻지 않았다. 그녀는 심리치료 비용이 얼마인지(나는 말해 주었다), 내가 그만큼 가치가 있는지(나는 그렇게 생각하지만 그녀는 다르게 느낄 수도 있다고 말해 주었다) 알고 싶어 했다. 그녀는 내 내담자 중에 자살한 사람이 있는지(없다), 그녀가 자살충동을 느낀다는 것을 알고 있는지 물었다. 나는 그녀가 병원에서 퇴원을 하라고 하자 자살하겠다고 했다는 것을 알고 있다고 했다. "나를 도울 수 있다고 생각해요?"라는 그녀의 물음에 나는 "글쎄, 아직은 잘 모르겠다."라고 대답했다.

"나랑 일하고 싶어요?" 바이올렛이 물었다.

"그런 것 같은데." 나는 대답했다.

"왜요?" 그녀가 다시 물었다.

"그건 나도 잘 모르겠네." 나는 정직하게 대답했다.

이런 대화가 오고 간 후에 그녀는 조금 자세를 누그러뜨리고는 자신에 대해 말하기 시작했다. 그녀는 자신이 대화의 주제가 되는 것을 즐겼고, 자신의 문제를 얘기함에서도 거침이 없었다. 그러나 자신의 문제를 해결하는 것에 대해 진지하게 생각해 본 적은 없는 듯했다. 바이올렛은 사람들의 관심과 주목을 받고 싶어 했고, 자신의 재치를 이용해서 사람들의, 심지어는 자신이 방금 소외시킨 사람들의 관심도 유지할 수 있었다. 내가 그녀의 초기 심문을 거치고도 여전히 그녀를 돕고 싶어 한 이유도 아마 이것 때문이 아닐까 한다. 그녀는 흥미로운 성격의 소유자였다.

바이올렛은 무서운 기세로 쉼 없이 싸움을 걸어 왔다. 그녀의 그런 노력을 피하는 데 지친 나는 마침내 이렇게 말했다. 그녀가 마치 우리를 서로 적으로 만들기로 작정한 것 같다고. 나는 그녀에게 일부러 그렇게 노력할 필요는 없다고 했다. 왜냐하면 그녀는 조만간 나의 말과 행동 중에, 혹은 내가 말하고 행동하지 않는 어떤 것에 대해 진짜로 불만을 갖게 될 테니까 말이다. 그러나 그녀가 불만을 느끼는 것에 대해서는 염려가 안 된다고 나는 말했다. 정말 우려되는 것은 우리가 과연 그것을 풀어 갈 수 있을 것인가의 문제라고 말했다. 왜냐하면 상담자에게 화가 났을 때마다 그녀는 그들을 물 밖으로 밀어내 왔으니까 말이다.

나는 계속했다. "바이올렛, 어느 날 내가 무슨 질문을 하면 너는 그것을 혐오할 거야. 아니면 네가 뭘 물었는데 내 대답이 네 마음에 안 들던지. 그건 괜찮아. 중요한 것은 우리가 서로 다르게 느끼면서도 이야기를 계속하는 것이지. 이런 말을 하는 것은 네가 상담자에게 화가 날 때마다 치료를 중단했기 때문이야. 여기서는 그런 일이 일어나지 않기를 바라."

이렇게 하라

[1] 일어날 일을 미리 예측해 보고 사전에 그것에 대해 함께 해결책을 모색해 보는 것은 내담자와의 예상된 마찰을 제거할 수 있는 손쉬운 방법이다. 이런 방법은 여러 가지 유익을 가져올 수 있다.

① 갈등을 미리 예측하는 것은 그것이 첨예화되는 것을 막아 준다. 결국 그것은 예상된 것이기 때문이다. 어떤 것이든 미리 예측된 것은 그것이 실제 일어났을 때 덜 위협적으로 느껴진다. 또한 예상된 갈등은 그동안의 치료가 헛수고가 되었다거나 방향을 잃었다는 표시가 아니라 예상된 치료과정의 일부분으로 받아들여진다. 그러나 문제를 예상하는 것은 피할 수 없는 갈등이 예측되는 내담자와 작업할 때만 필요하다.

▲ 일어날 일을 미리 예측해 보고 사전에 그것에 대해 함께 해결책을 모색해 보는 것은 내담자와의 예상된 마찰을 제거할 수 있는 손쉬운 방법이다.

② 예측하는 것은 치료가 어색해질 수 있는 순간에 안정감을 주는 기능을 한다. 상담자는 "그때 우리가 이런 일이 일어날 거라고 예상했잖아. 어떻게 이런 상황을 처리하기로 했었지?"라고 내담자에게 그 순간을 상기시킬 수 있다. 이러한 접근은 청소년이 문제를 해결하는 데 주의를 집중하게 한다. 또한 이것이 일어나리라고 이미 예상된 일이고 그에 대한 준비도 되어있다는 것을 일깨워 준다. 예를 들면, 다음과 같다.

• 상담자는 이렇게 말할 수 있다. "오웬, 우리가 이 비슷한 것이 일어날 거라고 예상했던 거 기억나니? 우리 둘이 같은 것을 원

한다는 것을 잊지 말았으면 해. 너와 네 부모님과의 관계가 개선되고, 너는 너의 자유시간을 더 즐겁게 보내고. 나는 네 편이라는 걸 잊지 마."

- 상담자는 내담자에게 갈등에 대한 불편감의 정도가 사람에 따라 다르다는 이야기를 했던 것을 상기시킬 수 있다. "이게 네게는 마치 해답이 없는 토론처럼 느껴진다는 거 알아. 하지만 우리가 지난번에 얘기했던 것 기억나니? 다른 사람과 의견이 맞지 않는다는 것을 느끼는 순간 너는 게임을 그만두고 나가 버리는 경향이 있다는 거. 의견이 다르다고 해서 관계가 망가질 필요는 없어. 네가 다른 사람과 다른 의견을 가지면서도 관계를 계속 유지하는 법을 배울 수 있도록 돕고 싶구나."

③ 문제를 예측하면 그것을 외재화하기 쉽다.[4] 다시 말해서, 그것이 상담자와 내담자 간의 문제가 되지 않고, 상담자와 내담자가 함께 문제를 직면하는 구조를 만들 수 있다.

2 청소년의 도전적인 태도를 시비를 걸려는 것이 아닌 다른 것으로 명명하거나 해석하는 것은 치료적 가치를 지닌다. 그러나 그러한 표현은 자칫 청소년을 비하하는 것처럼 들릴 수 있기 때문에 시기적절하고 신중하게 해야 한다. 내담자가 표현하는 것에 대한 신뢰와

4) White, M. (1989, Summer). The externalizing fo the problem and the reauthoring of lives and relationships. *Dulwich Center Newsletter*, 3-21: White, M., & Epston, D. (1990). *Narrative means to therapeutic ends*. New York: Nroton.

존중 없이 그것을 다르게 명명하려는 시도는 상담자가 그 청소년에 대해 청소년 자신보다 더 잘 알고 있다는 인상을 줄 수 있다.

"너는 나한테 화가 난 것이 아니야. 너는 그저 방어적/노출된/불안한 것이지. 왜냐하면…" 이런 것이 바로 청소년이 싫어하는 접근이다. 상담자는 다음과 같이 말함으로써 내담자에게서 더 나은 답을 들을 수 있다. "때로 너의 주장을 납득시키려고 안간힘을 쓰는 너를 보면 그걸 내 머리에 집어넣어야지만 내가 너의 말을 들을 수 있을 거라고 생각하는 것 같아. 케리, 걱정 마. 너를 이해해. 네가 하는 말을 하나도 놓치지 않을게."

3 어떤 행동이나 태도를 재해석하는 것은 단순히 다른 이름을 붙이는 것과는 다르다. 그것은 그 행동에 다른 의미를 부여하는 데까지 나아간다. 바이올렛의 경우, 그녀의 행동을 스스로를 힘든 감정/통제의 상실/노출되는 것에서 보호하기 위한 수단으로 재명명할 수 있다. 다시 말하지만, 상담자는 이것이 내담자를 비하하거나 내담자의 분노를 일축하는 것으로 비치지 않도록 조심해야 한다.

심각한 어려움을 지닌 청소년 내담자의 대부분은 치료 시간에 상담자의 마음을 흔들어 놓는 데 주력한다. 그것은 심리치료 과정을 자신이 통제하고 있다고 느끼고 싶어서다. 그들은 다른 사람의 마음을 더 많이 좌지우지하는 사람이 관계의 통제권을 가지고 있다고 생각한다. 성인도 관계에서 끊임없는 힘겨루기를 하면서 상대에 대한 통제권을 쟁취하려고 한다. 남자가 여자를 슬프게 하면 여자는 남자를 화나게 하고, 그러면 그는 여자를 더욱 슬프게 하고, 그러면 여자는 남자를 더욱 성나게 한다. 상담자나 다른 성인을 자극하기에 바쁜 청소년은 자신이 정말 무엇을 느끼는지를 인식할 시간이 없다. 나는 이런 내담자에게 이것을 알려 줄 수도 있다. 물론 내담자에게 그런 행동을 그만두어야 한다고는 하지 않을 것이다. 그보다는 내가 그것을 이해한다는 것, 원한다면 그것에 대해 더 설명해 줄 수도 있다는 것, 그리고 내담자와 비슷한 방식으로 대응하지 않을 것이라고 말해 줄 수 있다. 그가 그런 식으로 관계하기 때문에 잃은 것에 대해 설명해 주고, 계속해서 같은 식으로 행동한다면 내가 그를 돕는 데 한계가 있을 것이라는 것을 볼 수 있도록 할 수 있다. 나는 이 방법이 청소년 내담자가 자신이 다른 사람에게 어떤 영향을 미치고 있는지 성찰하게 하는 데 상당히 효과적이라는 것을 늘 발견한다.

"다른 사람 이야기만 해요…"

이런 청소년은 친구와의 무모한 장난이나 모험담을 늘어놓지만, 정작 자기 자신에 대해서는 아무 말도 하지 않는다.

이렇게 하라

[1] 이런 방법으로 그 청소년이 자신의 문제를 이야기하는 것을 피하고 있다고 해석하지 말라. 그 아이는 이미 그것을 알고 있다. 이미 아는 것을 다시 말하는 것은 쓸모없는 일이다.

[2] 그보다는 그런 무모한 장난의 결과로 친구들에게 어떤 일이 생기는지 질문하라. 내담자가 어떤 일이 생기고 안 생긴다고 생각하는

지에 귀를 기울이라. 상담자가 관찰한 것이 있다면 (가르치려 들지 말고) 나누라. "그 친구는 그런 무모한 장난이 가져올 결과에 대해서는 전혀 생각하지 않는 것 같네!" 혹은 "그 아이는 사람들에게 대드는 것을 즐기는 것 같네. 그렇지 않니?" 이런 접근은 그 청소년이 나중에 자신의 행동에 대해 말할 때 그것을 상담자가 어떻게 다룰지 간접적으로 보여 준다.

3 만약 그 청소년이 몇 회기가 지나도 자신의 이야기를 꺼내지 않는다면 상담자의 생각을 솔직하게 표현하라. 여기 몇 가지 예가 있다.

- "너도 알겠지만, 나는 네가 지금 집에서 겪고 있는 문제를 해결하도록 돕고 싶어. 그런데 네 언니에 대한 이야기만 하니 어떻게 도와야 할지 모르겠구나."
- "우리가 치료를 다 마치면 아마 나는 너희 학교의 다른 모든 아이를 돕게 되겠지. 너만 빼놓고 말이야. 어떻게 하면 내가 너에게 도움이 될 수 있도록 우리 대화의 방향을 바꿀 수 있을까?"
- "자신에 대해 이야기하는 것이 네게는 너무 힘든 일이구나. 어떻게 하면 조금 더 편안하게 네가 자신에 대해 이야기할 수 있을까?"

"다른 사람에 대한 불평만 계속해요…"

자신이 계획한 멋진 삶을 사람들이 어떻게 가로막고 있는지 불평으로 일관하는 청소년 내담자는 상담자에게 상당한 도전이 된다. 어떤 '논리'로도, 불평하는 것을 그치고 자신의 삶에 대해 더 책임지려고 노력하는 것이 그가 할 수 있는 최선이라는 것을 납득시키기는 어렵다.

이렇게 하라

내담자를 설득해야 한다는 부담을 버리고, 질문을 하거나 내담자 스스로 결론에 이를 수 있게 하는 치료적 자세를 취해 보라. 예를 들면, 다음과 같다.

1 "그거 정말 힘들겠는걸. 너는 내가 너희 부모님의 마음을 바꿔줬으면 하고 바라는 것 같구나. 그러니?"

만약 돌아오는 답변이 "그래요." 라면, "너희 부모님을 어떻게 설득해야 할지 전혀 감이 잡히지 않아. 그렇게 하는 것이 옳은지도 잘 모르겠고."

"그럼 10시 통금시간이 내게 걸맞단 말이에요? 나는 열여섯 살이라고요!"

"그럴 수도 있고, 그렇지 않을 수도 있지. 거기에 대해서는 잘 모르겠어. 그건 네 부모님의 결정이니까. 그건 그렇고 부모님이 지난 주말에 왜 그렇게 화가 나서서 통금시간을 앞당겼는지 말해 볼래? 내가 너의 통금시간을 원래대로 되돌릴 수 있게 도와줄 수 있을지도 몰라.

2 이런 답변도 가능하다. "그런 말도 안 되는 일이 학교에서 일

어나고 있다는 걸 믿어 의심치 않아. 하지만 내가 여기서 너를 위해서 할 수 있는 것에는 어떤 것이 있겠니?" "없어요." "그래, 그럼 큰 일이네. 왜냐하면 점심시간의 그 소녀들에게 나는 어떤 영향력도 없으니까. 너에게 영향을 미칠 수 있을지는 몰라도 말야. 물론 확신할 수는 없지만."(미소)

3 이것을 고려해 보라. "그게 누구의 잘못인지, 누가 옳고 그른지는 별 의미가 없어. 중요한 것은 네가 학교에서 아주 난처한 상황에 처해 있다는 거지. 이 진창에서 빠져나올 길을 찾지 못하면 너는 한 해를 낭비할 수도 있어. 그러면 너는 여름 내내 나머지 공부를 해야 할지도 모르고."

4 또 다른 방법으로는 다음과 같은 것이 있다. "네가 자신이 문제의 일부분이라는 것을 인정하기 싫어하는 것은 명백한 것 같은데. 하지만 그런 상황이 되기까지 네가 어떤 역할을 했는지 생각해 보고 뭔가 하지 않는다면 아마 몇 개월이 지나도 비참하게 느껴지기는 마찬가지일지도 몰라."

네가 거주형 치료시설에서 만났던 15세 소년 닐이 생각난다. 닐은 어른들이 자신의 삶에 지나치게 관여한다고 끊임없이 불평했다.

- "선생님들은 늘 숙제로 나를 괴롭혀요!"
- "부모님은 내가 밤에 외출이라도 하려고 하면 온갖 일을 시키면서 나가기 전에 마치라고 하죠."

- "선생님도 이런 우스꽝스러운 질문을 하면서 내게서 답을 요구하잖아요."

어느 날 나는 이렇게 말했다. "닐, 너는 마치 이 모든 일에서 네가 통제할 수 있는 부분이 전혀 없는 것처럼 행동하고 있어. 숙제를 충실히 해 가면, 선생님은 숙제를 게을리하는 다른 학생을 다그치러 가실걸. 물론 너의 부모님은 네가 외출하기 전에 네 방을 치우고 쓰레기를 버리길 바라시겠지. 그걸 뭐라 할 수 있겠니? 네가 친구들과 쇼핑몰을 즐겁게 뛰어다닐 때 네 일을 대신하고 싶지는 않으실 테니까. 내 경우도, 뭔가 대화거리를 찾기 위해 애쓸 필요가 없다고 느낀다면 당장 이런 멍청한 질문을 멈출 거야. 나도 그런 질문에 지쳤으니까! 모든 것이 네가 어떻게 하느냐에 달려 있는데, 너는 그걸 전혀 인식하지 못하고 있으니…."

"심리전을 하려고 해요…"

"나는 선생님이 궁금해하는 비밀을 가지고 있어요. 하지만 그것을 선생님께 털어놓을지, 혹 그렇다고 해도 그것이 언제가 될지는 몰라요." 상담자와 밀고 당기는 게임을 벌이는 청소년은 이런 메시지를 말로 또는 암묵적으로 상담자에게 전달한다. 하지만 이 게임은 상담자가 그 비밀을 알고 싶어서 안달할 때만 통한다. 상담자는 비밀에 관심이 없다. 상담자가 관심 있는 것은 내담자가 왜 이런 게임을 하려고 하는가다.

이렇게 하라

내담자에게 자신이 상담자에게 알리고 싶은 것을 말하지 않고, 상담자가 그것에 대해 질문하도록 유도하는 이유가 무엇인지 질문하라.

1 "코리, 너는 이 모든 얘기를 하고 나서, 뭔가 아직 말하지 않은 것이 있다는 여운을 남겼어. 늘 드는 느낌인데, 너는 말하고 싶은 것이 있는데도 내가 먼저 묻지 않는 한 말하지 않으려는 것 같아. 내가 묻지 않으면 말하지 않아. 말하고 싶은데도 말이지. 왜 그렇지?"

2 "로리, 네가 뭔가 물어봐 주기를 바란다는 것을 이제 알 것 같아. 그런데 나는 네가 왜 그냥 말하고 싶은 것을 말하지 않는지 궁금해. 네가 물어봐 주길 원한다면 물어볼 수는 있지만. 그렇더라도 왜 그런 방법을 더 선호하는지 말해 주면 좋겠어."

내담자에게 충실하게 답변하면서도, 내담자의 이렇게 더 복잡한 방식으로 해야 할 필요에 대해 언급하는 것은 내담자가 스스로 자신의 행동을 성찰하게 하는 방법이다.

"자신의 보험담으로 상담자를 즐겁게 해 주려고 해요…"

"내 삶이 얼마나 신나는지 보세요. 하지만 나를 변화시킬 생각일랑 하지 마세요!" 이것이 이런 청소년이 전달하려는 메시지다. 여기서 상담자의 역할은 내담자가 도움을 거부할 것을 뻔히 알면서도 개입해 들어가는 것도 아니고, 그렇다고 아무 말도 하지 않으면서 청소년의 그런 태도를 묵인하는 것도 아니다. 이 둘 사이에 생산적인 균형을 잡는 것이 상담자의 과제다.

이렇게 하라

1 청소년의 행동이 치료에 또한 상담자에게 어떤 영향을 미치고 있는지 말하라. "네 얘기를 듣는 데 너무 바빠서 정작 다른 얘기를 할 시간이 전혀 없네. 그런 행동이 네게 정말 유익이 되는지 아닌지 같은 얘기 말이야. 레이, 사실 네 얘기는 몹시 외롭게 들려."

2 청소년의 그런 스타일이 상담자를 어떤 딜레마에 빠뜨리는지 말하라. "제리, 이런 이야기를 듣고 내가 뭘 어떻게 해야 하니? 그런 행동이 너를 곤란에 빠뜨리고 있다고 하면, 너는 코웃음을 치고 내 말을 수용하지 않을 테니까. 그리고 한두 회기 아무 말도 하지 않으면서 나를 벌세우려 할 것이고. 아무 말 없이 네 말을 듣기만 한다면, 내 자신이 바보처럼 느껴질 것 같고. 왜냐하면 정작 해야 할 말을 못하고 있으니까. 어떻게 해야 할지 잘 모르겠구나."

3 인내심을 가지고 기다리라. 한번은 오드리라는 내담자를 치료한 적이 있다. 그녀는 19세였는데 얌전하고 똑똑하면서도 매우 조심스럽고 방어적이고 비판적이었다. 그녀는 몇 차례의 자살시도로 병원에 입원했었는데, 퇴원 후 나에게 의뢰되었다. 주 2회의 심리치료에서 주 1회 치료로 정착해 가는 몇 개월 동안 그녀는 자신에 관해 드러내는 데 아주 인색했다. 그러나 이것이 그녀가 현재 감당할 수 있는 수준이라는 것은 명백했다. 어쨌든 그녀는 심리치료를 계속하

기를 원했다. 그녀의 간헐적인 이야기를 조합해 본 결과 그녀는 음주문제를 갖고 있었다. 그녀의 음주는 가벼운 정도라고 보기 어려웠다. 또한 그녀는 대마초를 흡연하고 있었고, 아무렇지 않게 여러 남자와 성관계를 갖고 있었다. 그러나 그녀는 이것에 대해 누구도 간섭하지 못하게 했다. 그녀가 이런 것을 직접 털어놓은 것은 아니지만, 나는 그녀의 이야기를 통해 이런 정황을 짐작할 수 있었다. 그녀는 이런 얘기를 마치 보석을 다루듯이 아주 조심스럽게 내어놓았다. 그러나 그것을 다루기는 원치 않았다. 오드리는 내가 앞서 말한 청소년과는 달랐다. 그녀는 나를 즐겁게 하려고도, 자신에 대한 좋은 인상을 남기려고도, 또 자신의 이야기로 나를 놀라게 하려고도 하지 않았다. 그녀는 나에게서 어떤 반응을 이끌어 내려고 하지 않았다. 오히려 그녀는 내가 자신의 얘기를 듣고 특별한 반응을 보이지 않기를 바랐다. 그녀는 자신에 관해 말하고 싶어 했고, 주말 동안의 자신의 모험담을 이야기하는 것이 그녀가 자신에 관해 말하는 방법이었다. 이것은 나에 대한 일종의 테스트이기도 했는데—충분히 이해할 수 있는—그녀는 내가 그녀의 이야기에서 무언의 단서를 발견할 수 있는지, 그녀가 말하고 싶은 만큼 말하는 것을 존중해 줄 수 있는지, 그럼에도 여전히 무조건적으로 그녀를 치료하기 원하는지를 떠보려고 했다. 그녀는 또한 자신을 내게 노출하고도 다음 주에 나를 다시 마주할 수 있는지 스스로를 시험하는 듯했다. 나는 그녀의 시험을, 그녀는 스스로의 시험을 통과했다. 오드리는 회기를 더해 감에 따라 더 이야기를 했고 나는 많은 말을 하지 않아도 되게 되었다.

결국 오드리는 내 반응을 기대하게 된 시점에 이르렀다. 드디어 자신을 치료할 권한을 내게 허락한 것이었다. 나는 그것을 매우 소중하게 다루었다. 나는 가능하면 쉽게, 비지시적으로, 꼭 해야 할 말만 하려고 애썼다. 그 후 몇 개월이 지나지 않아서 나는 그녀가 친구들과 어울리는 것을 줄이고 대학 공부에 더 많은 시간을 투자하고 있다는 것을 알게 되었다. 그녀의 음주도 크게 줄었다. 이런 변화를 그녀를 통해 직접 들은 것은 아니었지만, 나는 그녀의 이야기가 달라지는 것을 통해 그녀의 변화를 눈치 챌 수 있었다(공부할 시간을 벌기 위해 아르바이트하는 시간을 줄인다든지, 그녀의 술친구들의 대리운전기사로 자주 불림을 당한다든지). 이런 것을 직접 이야기하는 것은 그녀의 스타일이 아니었다. 오드리는 내게, 2장에서 언급한 15세 헬렌을 연상하게 하였는데, 그녀 또한 스스로 선택만 한다면 어떻게 자신의 삶을 원상복귀할지 정확하게 아는 아이였다. 그녀에게 필요한 것은, 나의 지지였지 나의 직접적인 지도는 아니었다. 어떤 아이에게는 (주로 더 연령이 높고, 자기 통제력이 있고 평균 이상의 지능을 지닌) 위와 같은 방식이 더 효과적이다. 이런 아이는 치료 초기에 상담자에게 자신의 이런 성향을 드러낸다.

"치료실에서 뛰쳐나가서 돌아오지 않아요…"

이것은 상당히 당황스럽고 격한 상황이다. 이럴 때 상담자는 이 상황을 해결하려고 많은 애를 쓰게 되는데, 이러한 노력은 치료적이지 못할 경우가 많다. 상담자는 이야기 주제를 바꾸거나 말을 멈춤으로써 성나고 위협적인 청소년이 치료실을 뛰쳐나가려는 것을 막으려고 할 수 있다. 아니면, 청소년을 쫓아 나가서 주차장이나 그가 좀 더 편안하게 느낄 수 있는 패스트푸드 점에서 나머지 치료를 마치려고 할 수 있다. 그러나 심리치료가 효과적이려면, 청소년은 치료실에서 (어느 정도는) 편안해지는 법을 배워야만 한다. 청소년의 분노, 좌절감, 자기성찰 과정을 힘들어하는 성향 등을 어떤 주제를 피하거나 치료 환경을 바꿔서 받아 주려고 하는 것은 치료에 도움이 되지 않는다. 또한 그러한 반응을 조절하는 법을 배워야 하는 내담자에게도 별 도움이 되지 못한다. 상담자는 청소년의 회피 시도를 용인하지 않으면서도 지지적인 태도로 극단적으로 반응해야 했던 그의 마음을 공감할 수 있다.

가족치료 회기 중 청소년이 뛰쳐나가고, 또한 해서는 안 될 어떤 행동을 할 수 있는 위험한 상황이라면, 그의 부모가 나가서 그를 찾고 그가 위험에 처하지 않았는지 살펴보아야 한다. 청소년이 치료실로 다시 돌아오기로 결정할 수도 있다. 그러나 그렇지 않은 경우라면 부모와 회기를 계속할 수 있다. 만약 청소년이 치료실에서 뛰쳐나갔지만 그가 위험에 처할 염려가 없다면 그대로 두고 부모와 회기를 마칠 수 있다. 청소년의 안전이 긴급하게 위험에 처한 상황이 아니라면, 청소년이 치료실을 떠난다고 해서 치료를 중단할 필요는 없다. 만약 청소년이 치료실 주위에서 서성거리고 있다면 상담자는 청소년이 체면을 잃지 않도록 배려하면서 그를 다시 치료실로 초대할 수 있다. "오늘은 이것으로 (치료를) 그만할 거니? 아니면 다시 들어올래?"

▲ 청소년의 안전이 긴급하게 위험에 처한 상황이 아니라면, 청소년이 치료실을 떠난다고 해서 치료를 중단할 필요는 없다.

만약 청소년이 나가고 난 후, 그의 부모와 회기를 마무리한다면 상담자는 그들에게 나머지 회기가 어떻게 진행됐는지 자녀에게 알려 주지 말라고 제안할 수 있다. 만약 자녀가 그것을 알고 싶어 한다면 부모는 그에게 다음 회기에 참여하면 궁금한 것을 알게 될 것이라고 말해야 한다. 이때 마치 다음 회기는 당연하게 진행될 것이라는 인상을 주는 것이 중요하다. 만약 청소년이 치료를 거부한다고 해도 부모는 치료에 참여해야 한다. 청소년의 부모는 상담자와 자녀의 치료거부에 대한 적절한 벌을 고려해 봄으로써 자녀의 치료 참여를 촉진할 수 있다. 또는 자녀가 불참하더라도 치료가 계속될 수 있도록 치료의 구조를 바꿀 수 있다(부모회기만 진행).

아론은 부모가 그의 공격적인 태도에 대해 강하게 직면하자 치료실 밖으로 뛰쳐나갔고 치료에 참여하기를 거부했다. 아론은 한동안 집안을 엉망으로 만들고, 문을 쾅 닫고, 사용한 그릇을 아무 데나 늘어놓으며, 자신에게 주어진 집안일을 태만하게 하는 등의 행동을 하고 있었다. 부모가 그에게 그런 행동에 대한 책임을 묻기 시작하자 그는 치료를 거부했다. 나는 아론의 부모에게 그가 치료에 참여하는 일 또한 학교에 가는 것이나 토요일에 아버지 사업을 돕는 일처럼 당연히 그가 해야 할 일의 하나로 간주해야 한다고 말했다. 만약 그가 치료에 참여하지 않는다면(그는 치료에 오기만 하면 된다. 회기 중에 말을 하고 안 하고는 그가 결정할 일이다) 학교나 일을 빠졌을 때와 같이 책임을 물어야 한다고 했다. 나는 부모에게 아론이 친구들과 외출하는 것을 허락하지 않는다거나, 부모의 차를 사용하지 못하게 한다거나, 그 주간에 친구를 집에 데리고 오지 못하게 하는 등의 벌을 적용하도록 아론의 부모를 격려했다.

한 주 동안 부모가 말한 것을 그대로 지킨다는 것을 경험한 것으로 아론에게는 충분했다. 그는 다시 치료실에 왔고 부모의 모순되고 변덕스러운 양육태도에 대해 목소리를 높이며 말했다. 부모의 그런 태도가 자신을 이런 상태로 몰아붙인다고 말이다.

이렇게 하라

[1] 만약 부모가 그 자리에 없다면 치료실을 뛰쳐나간 청소년을 찾는 것은 상담자의 책임이다. 그것은 청소년이 안전한지를 확인하기 위함이지 반드시 남은 회기를 계속하기 위함은 아니다. 청소년이 그것을 원한다면 모를까. 청소년이 그런 선택을 하도록 돕기 위해 상담자는 이런 질문을 던질 수 있다. "우리가 이 일을 잘 수습할 수 있을까?" 만약 치료가 재개된다면 상담자는 내담자와 함께 조금 전에 일어났던 일의 의미에 대해 탐색할 수 있다. 여기서 주의할 것은 그 탐색이 상담자와 내담자 사이에 어떤 일이 벌어지고 있었는지에 초점을 맞추어야 한다는 것이다. 내담자의 심리에 어떤 일이 일어났었는지에만 초점을 맞춘다면 다시 내담자를 방어적으로 만들거나 화를 돋울 수 있다. 만약 청소년이 자기성찰적인 설명을 한다면 좋겠지만, 그렇게 치료실을 나간 청소년이 자기성찰을 하기란 쉽지 않다. "우리 사이에 (혹은 너와 네 부모 사이에) 무슨 일이 일어나고 있었기에 그렇게 갑자기 나가야 했니?"라는 질문을 함으로써 상담자는 자신이 임상적 관찰자만이 아니라 그 과정의 한 부분이 되고자 한다는 의지를 나타낼 수 있다. 이것은 또한 상담과정 중에 일어난 예기치 않은 사건을 "왜 그렇게 화가 났었니?"라고 내담자에게 일방적으로 책임을 묻는 것이 아니라 내담자와 상담자 사이의 상호작용으로 다룰 수 있는 방법이기도 하다.

[2] 또한 상담자는 내담자에게 상황 설명을 요구하기보다 상담자 자신의 생각을 나눔으로써 내담자를 도울 수 있다. 예를 들면, "내가 입을 연 순간 나는 네가 치료실을 나갈 줄 알았어. 그렇다고 해서 할

말을 하지 않는다면 나는 내가 네 성질에 포로가 된 것처럼 느꼈을 거야. 나의 선택은 입을 닫는 것이거나 (그러면 너는 치료실에 머무르겠지만, 나는 네게 아무런 도움도 못 되겠지) 할 말을 함으로써 네가 나갈 수도 있는 위험을 감수하는 것이지. 둘 다 힘든 선택이지. 우리 뭔가 다른 방법을 생각해 볼 수 있을까?"

3 청소년의 분노를 민감하게 분산하면서 그가 치료실을 나가는 것을 미연에 방지하고자 시도할 수 있다. 이럴 때는 상담자의 아주 직설적인 접근이 효과적이다. "네가 내게 화가 나는 것은 충분히 있을 수 있는 일이라고 생각해. 하지만 네가 화가 났을 때 어떻게 행동하고 있는지 살펴보자."

이런 말을 한다면 상담자는 청소년 내담자의 마음을 사지 못한다.

- "왜 이렇게 화를 내는 거니?"
- "진정하고 이성적으로 이야기해 보자."
- "지금 무슨 생각을 하고 있니?"

4 다음은 조금 더 진솔하면서도 솔직하게 성난 청소년에게 접근하려는 시도다.

- "내가 마치 적군이 되어 버린 것 같은데. 어떻게 된 거지?"
- "내가 뭘 잘못 이해하고 있는지 잘 모르겠구나. 그렇게 성내기 전에 내가 좀 이해할 수 있도록 도와주렴."

"자기의 상황과 심정을 제가 이해하지 못한다고 해요…"

그럴 수 있다. 그러나 그렇게 말하는 청소년은 왜 상담자가 이해할 수 있도록 자신의 상황을 설명할지 못할까?

이렇게 하라

나라면 그 청소년에게 왜 자신의 상황을 말로 설명하려고 하지 않는지 물을 것이다. 만약 청소년이 자신은 잘 설명했는데 상담자가 이해하지 못하는 것이라고 한다면, (방어적이지 않은 태도로) 어떤 부분을 상담자가 놓치고 있는지 다시 질문할 것이다. 내담자가 상담자를 도울 수 있도록 돕고, 상담자가 어떤 개인적인 이유(예, 상담자의 관점이 경직되어 있다든지, 상담자가 지나치게 방어적이라든지, 역전이가 일어나고 있다든지 등) 때문에 정말로 이해하지 못하는 부분이 있는지 성찰해 보라.

"원한다면 언제라도 자신은 변할 수 있다는 말만 되풀이해요…"

이렇게 하라

1 미소를 띠고 청소년에게 이렇게 말하라. "그거 잘됐네." 그것을 증명해 보이도록 그를 다그칠 필요는 없다. 왜 그동안 그렇게 하지 못했는지도 묻지 않는다. 그저 미소를 지으면서 변하고 싶다는 생각을 한 적이 있는지 물어보라. 만약 그가 때때로 그런 생각을 한다고 하면, 그런 결정을 어떻게 내리게 되는지 물어보라. 그러고는

답을 기다리라.

상담자가 청소년의 말을 액면 그대로 받아들여 말꼬리를 물고 늘어진다면, 소득 없는 대화만 경험하기 십상이다. 예를 들어, 상담자가 이렇게 말한다면 "넌 계속해서 원하면 언제든지 변할 수 있다고 하는데, 그럼 왜 그동안 그렇게 하지 못했니?" (원하지 않았기 때문에 그렇게 하지 않은 것이다. 그의 부모와 교사와 상담자는 원했지만, 그는 다르다.)

내담자는 이렇게 말할 수 있다. "그것에 대해 진지하게 생각해 본 적이 없어요."

"그럼 언제 생각을 해 볼 거니?"

"언제든지 제가 원할 때요."

여기서 상담자는 내담자가 상담자와 비슷한 것을 염려하고 있다는 어긋난 가정을 하고 있다. 하지만 그렇지 않을 가능성이 높다.

2 이런 상황을 풀어갈 다른 접근은 없을까? 상담자는 이렇게 말할 수 있다.

"그래, 그럼 그러는 동안에 네가 해야 할 일은 뭐라고 생각하니?"

"무슨 말이에요?"

"내 말은, 네가 변하고 싶어질 때까지 그동안 우리가 해야 할 일이 뭐냐는 거지."

혼란스러워진 청소년은 "모르겠어요."라고 말한다.

청소년을 무리하게 압박하지 않고, 변화에 대한 그의 속도에 대해 호기심을 가지고 접근하면서 이런 질문을 하는 것은 순간적으로 청소년의 마음을 누그러뜨릴 수 있다. 이 순간에는 더 많은 것을 하지 않아도 된다. 상담자가 내담자의 말을 존중한 것, 그 자체가 치료적이라고 할 수 있다. 실제로 그것은 이미 많은 것을 말하고 행한 것이 된다. 추후에 적절한 시기에 상담자는 내담자의 상담자에 대한 신뢰를 바탕으로 내담자가 행동의 변화를 가져오도록 도전할 수 있다.

 제7장

효율적인 가족치료 운영하기

- 문제를 미연에 방지하기
- 치료 중의 또 다른 문제

비자발적인 내담자와는 단독으로 만나는 것보다 내담자의 가족을 동참시키면 훨씬 쉽게 회기를 운영할 수 있다. 다른 사람을 치료에 참여시키면 당사자 청소년이 치료에 참여하지 않는다고 해서 치료를 멈출 필요가 없어진다. 그러나 청소년의 가족이 늘 치료에 참여하기를 원하는 것은 아니다. 어떤 가족은 치료에 동참하기를 거부하기도 한다. 가족 구성원이 개인적인 문제를 가지고 있는 경우는 가족의 참여가 도움이 되지 못할 경우도 있다. 이런 이유로 앞 장에서는 개인치료와 가족치료 둘 다에서 일어날 수 있는 임상 상황에 대해 다루었다. 그러나 앞으로 두 개 장에 걸쳐서는 심각한 정서적 · 행동적 문제를 지닌 청소년에 대한 가족치료적 개입에 대해 논하고자 한다. 7장과 8장에서는 앞 장에서 다룬 원칙, 즉 청소년 내담자에 대한 존중, 진솔함과 솔직함으로 관계하는 것, 청소년이 자신의 결정에 대해 책임을 지게 하는 것 등을 다시 다룰 것이다. 또한 청소년의 부모가 치료회기 안과 밖에서, 또한 치료가 종결된 후에도 적극적으로 자녀를 도울 수 있는 방법을 소개한다.

▲ 비자발적인 내담자와는 단독으로 만나는 것보다 내담자의 가족을 동참시키면 훨씬 쉽게 회기를 운영할 수 있다.

문제를 미연에 방지하기

처음부터 부모를 치료에 참여시킨다

비자발적인 청소년과 마주 앉아 그의 문제를 다루려고 애쓰는 것은 그다지 효율적이지 못하다. 아니, 그것은 부정적인 측면이 더 많다. 왜냐하면 그러한 접근은 심리치료를 상담자가 내담자의 참여를 구걸해야 하는 작업으로 규정짓기 때문이다. 비자발적인 청소년이라면 그런 상담자의 요청에 '아니, 그렇게는 못 해요'라는 태도를 보일 것이다.

심리치료에 온 것부터가 부모의 생각이었다면, 부모는 자녀와 동석하여 상담자에게 그들이 염려하는 점이 어떤 것인지 나누어야 한다(청소년 스스로 이것에 대해 말하는 경우는 드물다). 만약 부모가 사전에 혼자 방문하여 상담자에게 모든 것을 말해 버린다면 다음 회기에 부모와 청소년이 함께 올 때 그 효과가 제한적일 수 있다. 상담자가 이미 모든 문제를 들었기 때문에 (1) 상담자는 자신이 부모에게서 들은 것을 바탕으로 이야기를 전개할 것이고, 이것은 자칫 상담자가 부모와 이미 공식적으로 한편이 되었다는 인상을 줄 수 있다. (2) 아니면 부모에게 자녀 앞에서 다시 말해 달라고 할 수 있는데, 이미 부모와 상담자가 아는 이야기이기에 신선함이 떨어진다(지루하고 진전이 없는 회기가 될 수 있다). (3) 또는 부모와 상담자가 청소년에게 무엇이 문제인지 물을 수 있다. 하지만 청소년은 "이미 알고 있잖아요? 엄마(아빠)가 치료예약을 했잖아요." 또는 "난 문제없어요. 문제가 있는 사람은 우리 부모죠. 부모님께 물어보세요."라고 답할 수 있다.

예외 상황

모든 규칙에 예외가 있듯이, 때때로 부모와 청소년을 동석시켜서는 안 되는 상황이 있다. 다음과 같은 상황이 그러하다.

- 청소년이 전혀 통제가 되지 않고 불안정해서 어떤 생산적인 대

화도 이루질 수 없는 경우다. 이런 경우, 심리치료는 주로 부모를 중심으로 이루어진다. 부모가 자녀를 다루는 방법에 변화를 주어 자녀의 변화를 유도하는 것이다. 그런 경우에 초기 몇 회기는 부모와 단독으로 진행하면서 자녀를 효과적으로 다룰 전략을 세우고 그것을 실행에 옮길 수 있도록 부모를 보조할 수 있다. 또는 부모를 정신과로 의뢰하여 자녀에 대한 적절한 약물 처방을 받도록 권유할 수 있다. 상담자는 청소년이 대화에 참여할 수 있고, 갈등 상황이나 의견이 엇갈릴 경우에도 어느 정도 자신을 통제할 수 있을 때 치료에 참여시킬 수 있다.

- 청소년이 거주형 치료센터에 있거나 부모의 참여가 용이하지 않은 경우다. 이런 상황에서 상담자는 다음과 같은 입장을 취할 수 있다. "거주시설 감독이, 그리고 선생님이 이런 게 문제라고 하는데 너도 그렇게 생각하는지 모르겠네. 그들이 염려하는 것이 이것인데. 네가 걱정하는 것은 무엇이니?" 이렇게 하면 상담자가 알고 있는 사실을 내담자도 알게 되면서도 상담자가 그들과 같은 의견을 가진 또 다른 직원이라는 인상을 피할 수 있다.
- 부모가 심리적으로 자녀에게 지지기반이 되어 주지 못한다면, 또는 자녀를 방치하거나 학대한 경력이 있다면, 적어도 치료 초기에 자녀와 부모를 동석시키는 것은 적절하지 못하다.
- 부모가 폭력적이거나 자녀를 멸시하는 경우에도 가족 전체와 작업하는 것은 생산적이지 못하다.
- 16, 17세의 비교적 성숙한 청소년이 개인심리치료를 자원했을 경우다. 또한 그가 자신의 문제를 스스로 이야기할 수 있다고 생각하고, 그의 부모 또한 여기에 동의할 경우다.

- 가족치료가 성공적으로 이루어진 후 청소년이 개인치료를 통해 계속해서 자신을 성찰해 가기를 원하는 경우다.

부모가 먼저 말문을 열도록 한다

일반적으로 첫 회기에서 상담자는 서로 화목하게 지내는 데 어려움을 겪고 있는 일련의 사람과 마주 앉게 된다. 부모는 상담자를 보고 있지만, 청소년은 그렇지 않다. 그들 모두는 상담자가 먼저 말할 것을 기다리고 있다.

청소년부터 시작하는 것을 피하라. 왜냐하면 그런 모임을 주최한 것은 그가 아니기 때문이다. 부모부터 시작하게 하라. 아니면 모두를 향한 열린 질문을 던질 수도 있다. 누가 먼저 말문을 여는지 관찰하면서 진행하라.

문제를 바라보는 부모의 관점을 그대로 수용해서는 안 된다

가족이 그들의 문제를 보는 시각에 대해 확신을 가지고 있을 경우에도 모든 가능성을 열어 두고 생각하라. 가족의 문제에 대한 관점을 그대로 수용하면서 독립적인 판단을 유보하는 것은 전문가적인 태도가 아니다. 이런 경우 상담자는 문제를 제대로 파악하지 못할 수 있다. 또한 상담자는 문제를 일으켜 온 청소년의 가족이 자녀의 문제에만 지나치게 초점을 맞추는 경향이 있다는 것도 고려해야 한다. 청소년의 가족은 그들이 한때 함께했던 좋은 추억과 지금과는 달랐던 자녀의 긍정적인 면을 간과할 수 있다. 가족이란 것을 지나치게 낭만적으로 포장하지 않으면서도 그런 점을 다시 상기시켜 주는 것이 중요하다.

일반적으로 청소년 내담자가 부모가 생각하는 것 이상으로 상황을 잘 이해하고 있다는 것을 명심하라

대부분의 청소년은 가족 구성원 간의 긴장감에 대해 부모가 생각하는 것보다 더 잘 알고 있다. 단지 그것에 대해 이야기하기를 꺼릴 뿐이다. 치료 초기에 청소년 내담자가 겉으로 드러난 분노 밑에 유용한 관점을 감추고 있을 수 있다는 것을 고려해야 한다. 청소년에게 부담을 주지 않으면서 이것을 드러낼 수 있는 기회를 찾으라. 청소년이 원한다면 그가 자신의 관점을 표현할 수 있도록 돕고, 만약 그것을 원하지 않는다면 일단은 그대로 두라.

▲ 대부분의 청소년은 가족 구성원 간의 긴장감에 대해 부모가 생각하는 것보다 더 잘 알고 있다. 단지 그것에 대해 이야기하기를 꺼릴 뿐이다.

가족체계에서 눈에 띄게 부재하는 것에 대해 관찰하고 그것에 대해 언급하라

무엇이 빠져 있는지 살펴보라. 예를 들면, 가족 간의 경계, 존중, 동정심, 자기주장, 자기존중, 유머, 진정성, 직접적이고 명료한 의사소통 또는 관계 등이 있다. 이러한 것의 부재가 현재 가족이 처한 상황에서 어떤 역할을 하고 있는지 살펴보고 그것을 이야기할 기회를 찾아야 한다. 필요하다면, 또 부모나 가족 스타일에 유연함이 있다면, 부모가 더 많은 동정심이나 유머, 선한 의도나 단호함을 보일 수 있도록 도와야 한다. 그들이 자녀를 지나치게 간섭하거나, 무시하거나, 신경질적으로 반응하지 않으면서 자신들의 염려를 자녀에게 표현하는 법을 가르치라. 예를 들면, 다음과 같다.

- "그걸 주입하고 싶은 마음은 잘 알겠어요. 하지만 그런 방법으로는 자녀의 주의를 끌기 어려워요. (자녀에게) 그를 잃지나 않을까 너무 두려워서 제대로 판단을 하기가 어렵다고 솔직하게 말하세요. 그런 편이 '이렇게 해야만 한다'는 당위적인 접근보다 나은 반응을 끌어낼 수 있을 것 같아요."
- "(딸에게) 당신이 얼마나 따님을 그리워하는지 말해 보세요. 그런 강경한 태도를 좀 누그러 뜨리고 따님이 어떻게 반응하는지 보세요."

상담자가 청소년에 대해 관찰한 것을—그러나 청소년에게 직접적으로 이야기할 수 없는 것을—이야기하기 위해 부모의 존재를 활용하라

"마이크가 자신이 이런 것에 힘들어한다는 것을 표현할까요?" 마이크는 자살생각, 성적 저하, 눈에 띄는 우울감, 스포츠 관련 부상에 따른 지속적인 통증을 겪으면서도 그것에 대해 전혀 개의치 않는 듯한 태도를 보이는 고등학교 2학년생이었다. 나는 그가 있는데서 그의 어머니에게 이렇게 말했다.

"그럴 리가 없지요." 그녀가 아들을 바라보면서 말했다. 나는 마이크에게 직접 묻지 않았다. 왜냐하면 그는 내가 관찰한 것을 부인할 것이 분명했기 때문이다. 그의 무관심을 재명명할 방법을 찾는 것이 그가 그런 문제에 자신이 영향을 받고 있다는 것을 인정하게 만드는 것보다 더 중요했다.

15세 여자 청소년의 첫 가족치료 회기에서 그녀의 부모는 딸이 나쁜 친구들과 어울리고 있다고 호소했다. 나는 그녀가 어머니가 말할 때마다 비웃고, 눈을 굴리거나 무시하는 것을 관찰했다. 그러나 그녀의 어머니나 아버지 누구도 그녀의 그러한 태도에 대해 언급하지 않았다. 그래서 나는 그것에 대해 언급하기로 했다. 나는 그녀가 부모에게 보이는 조롱하는 태도를 내게도 보일 것이라고 판단했기 때문에 그녀에게 묻지 않고 그녀의 어머니를 향해 물었다. “따님이 항상 어머니의 질문에 대해 멸시하는 듯한 태도를 보이나요?”

“네, 늘 그래요.” 어머니가 대답했다. 나는 이것을 코트니의 태도에 대해 이야기를 할 기회로 삼았다. 그녀의 그런 태도는 그녀가 친구를 선택하는 것과 또 학교에서 보이는 다른 문제와 중요한 관계가 있었다. 누군가의 대인관계적 성향에 대해 언급하는 것은 그 사람으로 하여금 그것에 대해 스스로 더 의식하게 만드는 효과가 있다. 그녀의 어머니를 대하는 태도를 언급함으로써 그녀는 더 이상 아무 생각 없이 어머니에게 그런 태도를 보이기 어려워진 것이다. 아무도 그녀에게 태도를 바꾸라고 말하지 않았지만 그런 태도는 빠르게 잦아들었다.

아무도 희생양이 되지 않도록 주의하면서 중립적인 입장을 취하라

갈등적인 이야기를 세부 사항이나 사실, 혹은 진실에 얽매이지 않으면서 진행하라. 만약 내담자의 부모가 상담자가 자세한 사실을 모르면서 어떻게 상황을 이해할 수 있는지 묻는다면, 침착하게 이렇게 답하라. 알아야 할 만큼 중요한 것이라면 곧 분명히 드러날 것으로 믿는다고. 정확한 스토리를 맞추기 위해 너무 많은 것을 너무 일찍 묻다 보면 얻는 것보다 잃는 것이 더 많을 수 있다고 말하라. “네, 그렇게 된 것이군요.”라는 말은 내가 갈등문제에 머무르기보다 더 유용한 다른 것으로 화제를 옮기려고 할 때 주로 사용하는 말이다.

모든 사람의 기분을 맞추기 위해 조심조심할 필요는 없다. 때로는 인정하고 있지 않지만 이미 서로 알고 있는 진실에 대해 언급하는 것이 상담자가 그 순간에 할 수 있는 다른 어떤 것보다도 치료적 관계를 견고하게 한다. 예를 들면, 다음과 같다.

- "케이티는 사람들이 자신의 특권의식을 그대로 수용할 거라고 예상하지 않았던 것 같아요. 오히려 사람들이 그것을 그대로 받아들여서 놀란 것 같은데요." 내가 이렇게 말함으로써 케이티와 나 사이에 형성되었던 암묵적 연맹은 더욱 공고해졌다. 왜냐하면 그녀가 자신에 대해 알고 있는 사실이면서도 결코 말할 수 없었던 것을 내가 말했기 때문이었다.
- "마이클은 자신이 때로 쉽게 흥분하고 분노한다는 것을 알고 있어요. 그것에 대해 제재를 받지 않는 것에 오히려 놀라고 있는 것 같은데요." 이 말은 마이클이 회기 중에, 그리고 곧 이어서 집에서도 침착해지는 효과를 냈다. 상담자의 이 같은 말은 그가 화내는 것을 통해 휘두르고 있던 힘에 대해 언급함과 동시에, 그의 부모에게는 마이클의 그런 태도에 대처해 온 기존방식에서 벗어나 다르게 반응해도 된다는 것을 암묵적으로 알려 주었다.
- 행동화를 하고 있는 소년의 부모에게는, "서로 조금 더 발을 맞추어 가는 게 좋을 것 같아요. 테오와의 갈등 상황에서 배우자를 지지하지 않고 내버려 두는 것은 바람직하지 않아요. 다이안, 만약 당신이 테오의 행동에 대해 따질 때 행크가 뒷짐만 지

고 있다면 그를 다시 끌어들여야 해요. 그리고 행크 당신도, 다이안이 혼자서 다 주도하려고 한다면 그녀에게 좀 자제하고 당신에게도 자리를 내어주도록 요구해야 해요."

- 그리고 테오에게는 "그건 네 부모님에게 말한 것이고. 너에게도 말해 줄 게 있는데. 부모님이 너의 문제를 다루기 힘들어하는 것을 보면서도 너는 너무 방관하는 것 같아. 네가 정작 해야 할 말이 있으면 부모님에게 말하고 거기에 대해 의논을 해 보렴. 너는 네 주장을 하는 데 너무 소극적인 경향이 있어."
- 청소년에게 휘말려 들어가지 않도록 하라. 그리고 그의 부모도 자녀에게 휘말려 들어가지 않도록 도우라.
- 만약 청소년이 스스로를 도우려는 의지를 보인다면 그 때는 문제에 대한 그의 주관적 경험과 그것을 벗어나고 싶은 소망을 존중해 주어야 한다. 치료에서 어떤 결과를 얻기를 기대하는지, 어떤 일이 일어났으면 바라는지 또한 궁금하지만 묻지 못했던 질문이 하나 있다면 어떠 것인지 등을 묻는 것은 청소년의 참여를 격려하는 좋은 방법이다.

치료 중의 또 다른 문제

내담자의 부모가 상담자가 자녀를 '치료' 하기를 기대하면서 자신은 방관자로 남아 있으려는 경우

흔히 벌어지는 상황의 예다. 첫 회기에 상담자가 가족을 향해 질문을 한다. 이때 내담자 부모는 자녀가 치료를 주도하고 반응하기를 기대하면서 무뚝뚝한 자녀를 향한다. 과연 그렇게 될까?

14세 된 아들을 치료에 데리고 온 게일은 첫 회기를 그렇게 시작했다. 게일과 나는 사전에 전화상으로 간단하게 통화를 했기에, 나는 그녀가 최근에 들어 드류의 성적이 떨어지는 것과 그가 집에서 점점 더 자신을 고립하는 것에 대해 고민하고 있다는 것을 알고 있었다. 아들에게 그런 변화가 생긴 계기가 무엇이라고 생각하는지 질문하자, 그녀는 "글쎄요. 드류에게 직접 물어보시면 어때요?"라고 답했다. "그의 생각보다는 어머니가 어떻게 생각하시는지가 궁금해요."라고 내가 말했다.

"글쎄요. 정확한 이유는 모르겠어요." "정확한 이유를 아는 것은 그다지 중요하지 않아요. 어머니께서 어떻게 문제를 파악하려고 했는지 이해하고 싶을 뿐이죠. 앞으로도 드류의 일로 걱정하실 경우가 있을 거예요. 그럴 때를 대비해서라도 (제가 문제를 해결해 드리는 것이 아니라) 어머니께서 문제를 해결하실 수 있도록 돕고 싶어요. 그런 편이 지금이나 미래를 위해 더 나을 거예요."

"그런데 왜 이 아이에게 직접 묻지 않는 거죠?" 게일은 의아해했다. "그것은 자존심이 강한 청소년이 그렇게 쉽게 상대가 원하는 것을 넘겨줄 리 없기 때문이죠. 전 드류에게 그런 부담을 느끼게 하고 싶지 않아요."

부모가 자녀의 무시하는 태도를 용인할 경우

로니와 왈트는 15세 딸 켈리를 데리고 치료에 왔다. 켈리는 부모의 돈을 몰래 빼내서 쇼핑을 하다가 들킨 듯했다. 켈리는 이것을 대수롭지 않게 생각하는 듯했다. 그녀는 다시는 그런 행동을 하지 않겠다고 약속했지만, 자신의 행동에 대한 설명도 사과도 하지 않았다. 그녀는 담담한 태도와 능숙한 말로 자신의 행동을 덮으려고 했다. 그녀의 부모는 이 같은 태도를 자신의 행동에 대한 책임을 회피하려는 시도로 보고 도전하기보다는 오히려 그녀의 관심과 참여를 끌어내기 위해 애썼다. 나는 그들이 켈리를 대하는 태도가 지나치게 관대한 것 같다고 말하고 켈리가 있는 데서 그녀의 부모를 대하는 태도에 대해 이야기해 볼 것을 제안했다.

13세의 딸을 둔 싱글 맘 마거릿은 두 번째 회기에 몹시 우울하고 지친 모습으로 나타났다. 딸 이사벨이 그날 아침 학교 가기를 거부하면서 자신과 말싸움을 벌였고, 결국 두 사람은 고래고래 소리를 지르면서 서로 싸우게 되었다는 것이다. 이사벨은 또한 어머니를 설득해서 그녀가 직장을 쉬고 집에서 자신과 시간을 보내도록 했다. 게다가 그녀는 이 모든 일의 책임을 마거릿에게 돌렸다.

마거릿이 딸에게 아침에 왜 일어나지 않았냐고 묻자, 이사벨은 일어날 수가 없었다고 답했다. 때때로 그녀의 몸은 그녀의 말을 잘 듣지 않을 때가 있는데, 이럴 때는 다른 날 다시 시도해 보는 수밖에 없다고 말했다. 이런 식의 질문이 전혀 효과가 없다고 판단한 나는 대화를 마거릿에게 돌려서 다음번에 또 딸이 학교에 가지 않겠다고 한다면 어떻게 할 것인지 물었다.

이사벨이 학교에 대해 불안을 느낀 진짜 이유가 있었을까? 물론 있었다. 그러나 이사벨은 자신이 불안하게 느끼는 것에 대해 직접적으로 표현하고 도움을 요청할 수 있을 만한 나이였다. 또한 마거릿이 이사벨의 기분과 변덕스러운 몸 상태에 초점을 맞추는 것은 자녀로 하여금 아침에 일어나는 것을 의식적으로 통제할 수 없다는 그녀의 신념만 강화하는 결과를 가져올 뿐이었다.

말을 하지 않는 청소년의 경우

자녀가 치료 중에 말을 하지 않을 때, 부모는 걱정한다. 부모는 그것이 성공적인 치료를 위한 필수 요소라고 생각한다. 상담자는 그렇지 않다는 것을 부모에게 이해시켜야 한다. 만약 부모가 그들의 자녀가 치료에서 하게 될 역할에 대해 궁금해한다면, 아직 잘 모르겠다고 답하라. 많은 경우에 청소년 자녀의 치료 참여는 미미한 수준에 그치고, 부모하고만 작업하게 될 경우가 종종 있다고 말하라. 상담자와 부모가 나누는 대화가 흥미롭게 느껴진다면 자녀는 자발적으로 대화에 참여하게 될 것이고, 그럴 때 비로소 진정한 참여자가 된다는 것을 설명하라. 이것이 아닌 다른 것은 시간낭비일 뿐이고 부모나 상담자가 자신의 위치를 타협하는 것이 된다는 것도 전달하라.

"만약 아이가 끝까지 아무 말도 하지 않으면요?" "그럼 할 수 없지요. 부모님과 제가 주로 이야기를 하게 되겠지요. 그리고 모든 결정도 부모님과 제가 다 할 것이고요."

상담자가 치료의 성공이 청소년 내담자의 참여에 달렸다고 믿는 만큼, 상담자는 내담자의 가족과 작업하는 데 제한을 받게 된다. 상담자가 이런 전제를 받아들이지 않는다면 치료는 다양한 생산적인 방법을 통해 얼마든지 진행될 수 있다.

청소년이 말을 하는 것이 치료를 시작하기 위한 또는 진행하기 위한 필수조건은 아니다. 오히려 치료 초기에는 청소년과 직접적인 대화를 시도하지 않는 것이 가져다주는 유익도 있다.

- 이것은 청소년에게 말을 해야만 한다는 부담감을 줄여 준다. 이것은 또한 그들이 원하면 자연스럽게 참여할 수 있는 분위기를 만들어 주는 부차적 효과가 있다.
- 이것은 청소년 내담자를 당황스럽게 한다. 왜냐하면 그는 상담자에게 빈번하게 질문을 받을 것을 예상하기 때문이다. 이것은 내담자에게 치료가 그가 예상한 것과는 다를 것이고 예측 가능한 뻔한 것이 아니라는 것을 전달한다.
- 이것을 통해 내담자 부모의 유연성을 측정해 볼 수 있다. 그들이 소통과 힘에 대한 상담자의 안내를 믿고 따를 수 있을 것인가? 자녀의 참여를 이끌어 내야만 한다는 고정관념을 버릴 수 있을 것인가? 아니면 자녀에게 질문을 해서 무언가 일어나게 하려고 지속적으로 노력할 것인가?
- 이것은 자신의 침묵을 치료과정을 훼방하기 위해 사용하려는 반항적인 청소년의 동력을 차단하는 효과가 있다.
- 청소년이 어른들이 염려하는 것이 무엇인지 들으면서 어른들의 요구나 명령에 대한 반응으로서가 아니라 스스로 변화할 수 있는 기회를 제공한다.

▲ 치료 초기에 청소년 내담자에게 직접 말을 걸지 않은 것은 내담자를 당황하게 한다. 왜냐하면 그는 상담자에게 질문받을 것을 예상하기 때문이다. 이것은 치료가 그가 예상한 뻔한 것이 아니라는 것을 전달한다.

상담자가 무언가를 '만들어 내는' 데 크게 집착하지 않는다면, 청소년이 자발적으로 말하고 참여하고 싶어지는 치료 환경을 조성하는 것은 비교적 쉬운 일이다. 치료가 문제의 핵심을 잘 다룰 때, 내담자의 참여는 자연스럽게 따라올 수 있다. 청소년 내담자는 상담자와 자신의 부모가 중요한 문제를 다루는 것을 보면서 안도할 수 있다. 상담자는 한두 회기 내담자가 침묵할 기회를 준 뒤, 내담자의 참여를 권유할 수 있다. 이때 주의할 점은 내담자의 참여를 크게 부각하지 않는 것이다. 때로 나는 치료에 참여할 준비가 됐다고 판단되는 내담자에게 간단하고 쉬운 질문을 던져 그가 대화에 자연스럽게 합류할 수 있는 길을 열어 준다. 예를 들어, 지금 부모가 이야기하고 있는 일이 일어난 장소가 어디인지 청소년에게 질문한 뒤 다시 부모와 대화를 계속한다. 이렇게 하면 내담자의 답이 그다지 중요한 것이 아니기 때문에 내담자가 이야기를 하기 시작했다는 사실이 크게 부각되지 않는다.

Adolescent Therapy that Really Works | 제8장

통제불능 자녀를 둔 부모 돕기

- 대인관계 문제는 어떻게 행동문제로 바뀌는가
- 시나치게 조심스러운 부모 돕기
- 사면초가에 몰린 부모 돕기
- 통제적인 부모 돕기

일주일에 한 시간가량을 이런 청소년을 다루는 데 보내는 것이 상담자를 버겁게 한다면, 이런 청소년의 폭력성과 무관심 그리고 반항과 매일 씨름해야 하는 그들의 부모를 생각해 보라. 심각한 문제를 지닌 청소년과 그들의 부모를 상담하는 데는 세심한 주의와 민감성이 필요하다. 왜냐하면 이들이 경험하는 것은, 가벼운 정도의 또는 정상 범위에 속하는 정서적 · 행동적 문제를 보이는 청소년의 부모가 경험하는 것과는 질적으로 다르고 더욱 극단적이기 때문이다.

이와 같은 아주 심각한 상태의 청소년의 부모를 돕는 과정에서 중요한 사항은 다음과 같다.

- 부모에게 변화가 가능하다는 믿음을 다시 불어넣어야 한다.
- 수개월에 걸쳐 자녀와 승강이를 벌이는 과정에서 퇴색해 버린 부모의 선의를 회복시켜야 한다.
- 부모의 손상된 권위를 회복시켜야 한다.
- 부모로 하여금 그들의 자녀가 도움을 요청하는 적절한 방법을 모를 수도 있다는 것을 이해시켜야 한다.
- 자녀의 훼방에도 불구하고 부모가 단호하고 효과적이면서도 애정이 담긴 자녀양육을 실행할 수 있도록 도와야 한다.

대인관계 문제는 어떻게 행동문제로 바뀌는가

잃어버린 기회

청소년의 행동문제는 대인관계 문제에서 시작되는 경우가 대부분이다. 그러나 그것을 대인관계적 관점으로 풀어 나가는 것에 익숙하지 않은 부모는 문제를 회피하거나 엄격한 훈육으로 그것을 다스리려고 한다. 우울하고 분노에 찬 청소년 자녀를 둔 부모는 자신들이 염려하는 것을 자녀에게 직접적으로 전달하는 데 어려움을 느낀다. 그렇게 했을 때의 감정적 폭발이나 비아냥거림, 또는 상호 고립 상태를 두려워하여 자녀를 효과적으로 양육할 수 있는 자신의 능력에 대한 자신감을 잃어버린다. 또 어떤 부모는 몇 주, 몇 개월 혹은 몇 년에 걸친 자녀와의 갈등으로 소진된 나머지 더 이상 변화를 위해 노력을 할 기운도, 자금도, 소망도 없는 상태를 경험하기도 한다. 또 다른 부모는 문제를 해결할 방법은 상황을 더 철저하게 통제하는 것뿐이라는 신념에 얽매여서 그 상황이 이미 자신의 힘이 미칠 수 있는 범위를 벗어났다는 것을 인식하지 못한다. 다음은 가족이 청소년 자녀의 행동문제 뒤에 있는 정서적 요소를 잘 다루지 못하는 몇 가지 예다.

▲ 청소년의 행동문제는 대인관계 문제에서 시작되는 경우가 대부분이다. 그러나 그것을 대인관계적 관점으로 풀어 나가는 것이 버거운 부모는 문제를 회피하거나 그것을 엄격한 훈육으로 다스리려고 한다.

부인/회피

글릭 씨네 가족은 자신들이 문제에 대해 쉬쉬하는 가족이라는 사실에 충격을 받은 듯했다. “그럴 리가요. 우리는 그런 가족이 아니에요.” 어머니가 방어적으로 말했다. “우리는 그런 문제에 대해 이야기하고 싶어 해요. 단지 너무 바빠서 그렇지 못할 뿐이죠. 스캇은 일주일에 세 차례 축구 연습이 있고, 쌍둥이는 고등학교 생활에 바쁘고, 레니는 매일 밤 8, 9시까지 사무실에 남아 있어요. 게다가 청소년이 어디 부모가 간섭하는 것을 좋아하나요?”

“누가 그러던가요?” 내가 물었다. 이것은 이 가족의 현 상태에 집착하는 경직성을 흔들어 놓기 위한 시도였다. 나는 그들이 청소년에 대해 가지고 있는 생각이 근거없는 신화일 수도 있다는, 적어도 이 가족에게는 그것이 신화가 되었다는 생각을 하게 할 수 있다면 자신들이 너무 바빠서 서로 이야기를 할 수 없는 가족이라는 생각에도 변화를 줄 수 있다고 믿었다.

또 다른 예인 버틀러 씨 가족은 자신들이 ‘아버지는 원래 말수가 적다’는 미명하에 서로 소통할 수 있는 모든 기회를 흘려 버리고 있다는 것을 인식하지 못하고 있었다. 첫 회기에서 내가 14세인 레이철과 아버지가 주로 어떤 대화를 나누는지 물었을 때, 어머니의 대답은 “서로 별로 얘기 안 해요. 아버지는 그다지 말을 많이 하는 사람이 아니어서요.”

나는 아버지는 그럴지 몰라도 레이철은 다르다고 반응했다. 그가 딸과 소통하는 것을 배우면 안 될까? 말로 하는 것이 어렵다면, 자신의 딸과 소통할 수 있는 다른 방법을 찾아보면 안 될까?

감정에 대한 무시

어떤 부모는 고통을 겪고 있는 자녀의 감정에 귀 기울이고 그것을 수용하는 데 어려움을 경험한다. 그들은 간신히 표현된 자녀의 감정을 상투적인 반응이나 공허한 안심시키는 말로 덮어 버린다. 그리고 그들은 자녀가 왜 아무 말도 하지 않는지 의아해한다.

매트는 청소년기의 두 아들을 둔 아버지였는데, 구두쇠 가정에서 자라 부모에게서 자신이 누리는 것이 얼마나 행운인지 귀가 따갑게 들은 사람이었다. 그의 부모는 생일선물이나 특별 간식을 줄 때도 자녀가 그런 호의에 감사의 태도를 보이기를 기대했기 때문에, 매트와 동생은 그 모든 것에 혐오감을 느꼈다. 모든 아이가 그렇듯이, 매트의 16세 된 아들이 자신이 가진 것에 대해 불평하기 시작했을 때, 그것은 매트의 신경을 몹시 건드렸다. 그는 아들에게 간신히 참으면서 말했다. "그런 불만을 다시는 입에 올리지 마라. 그런 불평은 당장 집어치워. 넌 네가 가진 것이 얼마나 많은지 몰라."

피터(아들)가 그것을 모르는 것은 아니었다. 하지만 누구나 최고(최선)의 것을 가져도 그것이 왠지 부족하게 느껴질 때가 있다. 피터의 불평은 대부분의 청소년이 하는 그런 것이었다. 그러나 매트의 방어적 반응은 아들의 불평 뒤에 가려진 그가 행복하게 느끼지 못하는 진짜 이유를 살펴볼 수 있는 기회를 앗아 가고 있었다.

어느 치료 회기에서의 일이었다. 피터가 자신이 해야 할 일이 너무 많다는 불만을 터뜨리자마자, 매트는 그를 끽소리 못하게 만들고 있었다. 나는 그런 매트를 멈추게 했다. "매트, 자신이 충분히 가졌다고 생각하는 청소년은 없어요. 그건 청소년기의 통과의례 같은 거예요. 그러나 피터의 불평 중에는 정당한 것도 있을 수 있어요. 하지만 그렇게 불평하면 안 된다는 메시지만 보낸다면 그것이 무엇인지 살펴볼 기회도 없겠죠. 그렇게 아이를 몰아치면 정작 도움이 될 만한 것을 듣지 못하고 놓칠 수 있어요. 그리고 아이에게 불평해서는 안 되는 것과 불평해도 되는 것을 분별하는 법을 가르칠 수 있는 기회도 놓치게 되고요."

격분하게 될 것에 대한 두려움

어떤 청소년은 어떻게 하면 부모를 자극할 수 있는지 잘 알고 있다. 그들이 그런 부분을 건드리면 부모는 결국 몹시 화가 나서 자제력을 잃게 된다.

"더 이상 아이와 말싸움하는 것을 견딜 수가 없어요." 아들이 치료실을 뛰쳐나간 뒤 그의 부모가 절망적인 심경을 털어놓았다. "아들은 내가 편부모라는 것에 대해 죄책감을 느끼고 있다는 것을 잘 알아요. 그래서 늘 내가 더 죄책감을 느끼도록 상황을 조정해요. 마치 그의 잘못이 다 내 책임이라도 되는 것처럼요."

자녀가 통제불능 상태가 될 것에 대한 두려움

어떤 부모는 그들의 자녀가 완전히 통제 불능이 되어 신체적으로 파괴적이 되거나, 자신 또는 타인에게 위험한 행동을 할 것을 염려한다. 니나의 부모도 그런 이유로 니나에게 해야 할 말을 하지 못하고 있었다.

"지난번에 니나가 가고 싶은 콘서트를 못 가게 했을 때, 그 애는 밤새도록 포켓용 칼로 자신의 팔에 상처를 내고 있었어요. 아침이 돼서야 그것을 발견했죠. 그런 일이 다시 일어나게 놔둘 수는 없어요. 하지만 니나의 행동에 대해 뭔가 선을 그어야 하긴 하겠죠." 니나의 어머니는 혼란해하고 있었다.

다른 가족 구성원에 대한 보호

부모는 종종 다른 가족이 문제에 연루되는 것을 막기 위해, 혹은 갈등 때문에 더 상황이 악화될까 봐 다루어야 할 문제를 제대로 다루지 못하는 경우가 있다. 켄의 부모 역시 이런 접근이 효과가 별로 없고 켄에게 가족의 행동을 더 통제할 권한만 부여하게 된다는 것을 인식하지 못한 채 수년간 이렇게 하고 있었다.

"켄이 성질을 부리면 우리는 물론 켄의 세 동생까지도 지장을 받아요." 켄의 어머니가 말했다. 그녀는 부모가 뭐라고 나무라면 주먹을 휘두르고, 식당이나 주차장이나 가족모임이나 가리지 않고 충동적으로 행동하는 켄에 대해 설명하면서 말했다. "때때로 우리는 켄의 행동에 대해 아예 말을 하지 않아요. 그 애의 행동을 감당하기가 어려워서요."

말실수로 부정적인 반응을 일으키는 것에 대한 두려움

마리아(15세)의 부모는 딸과 소통하려고, 또 그녀의 폭발적이고 파괴적인 분노를 저지하기 위해 안간힘을 쓰고 있었다. 그러나 그들이 대화를 시도할 때마다 마리아는 더 심하게 화를 냈고 파괴적이 되어 갔다. 그들은 자신들이 염려하는 것을 더 솔직하게 마리아에게 전달하고 조금 더 단호하게 그녀의 행동에 대처하면 딸을 더 자극하게 될 것이라고 믿었다. 그래서 딸이 조금 더 협조적이 되었으면 하는 바람으로 그녀를 조용하게 타이르는 방법을 택했다. 그녀의 어머니가 설명했다. "제가 너무 무른 줄 알고 있어요. 하지만 제가 조금 더 인내심을 보인다면 종국에는 그 아이도 조금 더 이성적이 되지 않을까 생각해요."

그러나 마리아는 기대대로 되지 않았다.

16세 줄리는 침묵과 고립, 비판적 분노 표출로 일관하면서 그녀의 부모를 수개월 동안 꼼짝 못하게 만들었다. 상황을 더 악화시킬까 봐, 또 줄리의 화를 더 돋울 수도 있다는 두려움에 데브라와 네이트는 아무것도 못하고 쩔쩔매고 있었다. 네이트가 말했다. "뭐가 문제냐고 물으면, 딸은 우리에게 마구 폭언을 퍼붓고는 자기 방으로 휙 들어가 버려요. 우리가 뭔가 대화를 시도하면, 예를 들어 '학교는 어떠니?'라고 물으면 우리를 얼빠진 사람 보듯 쳐다봐요. 우리가 이렇게 해야 한다, 몇 시까지 집에 와야 한다고 명령을 하면 아마 그 아이는 우리가 자신을 믿지 않는다고 고래고래 소리를 지르고, 우리가 (자신의) 모든 문제의 원인이라고 몰아붙일 거예요. 그 문제가 뭔지 말도 하지 않으면서요. 그 아이는 너무 참혹한 상태에 있어요. 우리는 단지 돕고 싶을 뿐인데…."

너무 지치고, 절망적이고, 사면초가라는 느낌

17세 레이는 지난 6개월 동안 아버지를 완전히 소진시켰고, 남아 있던 친구들조차도 그에게서 등을 돌리고 있었다. 호감이 가고, 사교적이고, 친절하기도 한 이 소년은 더 큰 흥분과 탈출을 꿈꾸면서 가족에 대해 무자비하게 굴었다. 레이는 반복적으로 부모가 정한 통금시간을 어기고, 외출금지를 무시하고, 방과 후 자신의 거처를 부모에게 알리지 않는 행동을 서슴치 않았다. 현재 그는 이웃의 우편함 파손, 대마초 흡연, 차량절도와 폭주로 경찰에 붙잡힌 상태였다. 그의 아버지는 아들을 돕기 위해 할 수 있는 것을 다 해 보았다. 그는 아들에 대해 완전히 포기한 상태였다. "(그 애 자신보다도) 그 애에 대해 걱정하는 게 이젠 정말 진저리가 나요. 그 애 동생도 걱정해야 하는데 말이죠. 더 이상 그 애 때문에 동생이 손해 보도록 할 수는 없어요."

지나치게 통제적일 경우

"고등학교를 졸업하겠다는 목표를 위해 딸이 그동안 뭘 했는지 알고 싶습니다." 리디아의 아버지는 17세 된 딸을 손으로 가리키면서 내게 말했다. 리디아는 소심한 모습으로 한구석에 앉아 있었다. "그녀가 가진 목표가 무엇인지 아직 잘 모르겠는데요."라고 내가 대답했다. "목표가 반드시 있겠죠." "반드시 있어야 할지는 모르겠지만, 지금은 없네요." 나는 그녀의 아버지를 똑바로 쳐다보면서 말했다. "그렇다면 적어도 이 애의 흡연문제에 대해서는 다루셨겠죠." 그는 답을 요구했다. 나는 그를 보면서 한숨을 쉬었다.

어려움을 겪고 있는 가족과 마주하면서 상담자는 종종 이런 생각을 하게 된다. '가족이 서로 돕지 못하다니 얼마나 안타까운 일인가… 딸이 아버지가 선한 의도로 말씀하시는 것을 경청할 수 있다면. 어머니가 희생자 역할에서 벗어나 성인답게 가족을 대면할 수 있다면.'

이런 상황에 처할 때면 나는 그들이 서로 자신을 감추는 것에 너무 익숙해져 버렸다는 것을, 혹은 최소한의 정서적 교류를 나누는 것에 너무 안주하고 있다는 것을 말해 줄 방법을 찾게 된다. 물론 친밀한 교류를 누구나 바라는 것이 아니며 가족 간에 더 따뜻한 관계를 추구하지 않고 문제만 해결하고자 하는 (그것이 가능하다면) 사람도 있다는 것을 존중해야 한다는 것도 알고 있다. 하지만 때로 사람들은 서로에게서 너무나 멀어진 나머지, 내가 말하는 것이 그들 삶에 부재한다는 사실조차 인식하지 못할 경우가 있다.

지나치게 조심스러운 부모 돕기

지나치게 조심스럽거나 자기를 의식하는 부모가 반항적인 자녀를 잘 다루도록 하기 위해 상담자는 그들이 자녀에게 적합한 결정을 내릴 수 있고 어려운 상황에도 전문가 수준은 아니지만 효과적인 대처를 할 수 있다는 확신을 갖도록 격려해야 한다. 부모는 스스로 자신감을 갖고 이성적인 판단을 바탕으로 자녀와의 관계에서 모험을 시도할 때, 오히려 자녀의 문제행동과 부모가 정한 규율을 위반하는 행동이 줄어든다는 것을 새롭게 배우게 된다. 다음에서는 위와 같은 부모가 좀 더 효과적으로 청소년 자녀를 지도하고 변화시키는 방법을 소개한다.

▲ 부모는 스스로 자신감을 갖고 이성적인 판단을 바탕으로 자녀와의 관계에서 모험을 시도할 때, 오히려 자녀의 문제행동과 부모가 정한 규율을 위반하는 행동이 줄어든다는 것을 새롭게 배우게 된다.

부모의 정서 활성화하기

Jerome Price는 저서 『권력과 자비: 다루기 어려운 청소년과 그들의 피해자인 부모를 돕는 방법(*Power and Compassion: Working with Difficult Adolescents and Their Abused Parent*)』[5]에서 공격적

5) Price, J. A. (1996). *Power and compassion: Working with difficult adolescents and abused parents*. New York: Guilford.

인 자녀를 둔 부모의 '감정적 사막화'에 대하여 다루었다. 그는 이 책에서 부모가 자녀의 행동에 대해 적절한 감정을 표현하지 못했을 때 어떤 상황이 벌어지는지에 대해 논하고 있다. 이런 부모는 죄책감, 갈등회피 또는 사기저하로 인해 더 이상 적절한 감정을 표현하지 못하고 무덤덤하게 반응하게 되는데, 자녀는 이를 부모가 그들을 통제할 수 없다는 메시지로 받아들인다고 했다. 이런 상태의 부모를 돕기 위한 효과적인 방법의 하나는 부모가 마땅히 표현하고 또 자녀가 경청해야 할 감정적 반응을 그들이 회복할 수 있도록 돕는 것이다.

테리와 스티브는 13세 된 아들 제러미를 데리고 심리치료를 찾았다. 지난 몇 개월 동안 집에서의 제러미의 행동은 점점 더 폭력적이고 공격적이 되어 갔다. 이런 행동은 주로 테리에게 향했는데, 그럴 때마다 그녀는 스티브에게 연락을 해서 제러미의 험악한 행동에 대해 불평을 터뜨렸다.

"당신은 왜 내 말을 안 듣는 거야?" 그녀는 스티브에게 전화할 때마다 이렇게 말했다. 그러나 그녀는 자신이 아들의 훈육에서 남편에게 전적으로 의존하고 있고, 부모로서의 권리를 제대로 행사하지 못하고 있다는 것을 깨닫지 못했다.

나는 그들에게 최근에 일어난 사건의 예를 들어 달라고 했다. 그들은 이틀 전 제러미가 하키연습을 마치고 집에 오는 내내 테리에게 폭언을 퍼부었던 일에 대해 이야기했다. 이야기 중에 그들은 그날 저녁 테리가 제러미를 비디오 가게에 데리고 가서 그가 보고 싶은 영화를 고르게 했다고 했다. 나는 깜짝 놀라면서 이렇게 반응했다. "제러미가 차 안에서 그렇게 행동했는데도 다시 그 아이를 차에 태우고 비디오 가게까지 갔다는 건가요? 믿을 수가 없네요. 제러미조차도 엄마가 그렇게 행동하리라고는 생각하지 못했을 것 같은데요?" "내가 틀렸니?" 나는 제러미를 향해 물었다.

"맞아요." 제러미가 당황한 듯 답했다. 테리의 그런 행동이 얼마나 부적절한 것인지 부부가 깨닫게 되면서, 테리는 제러미에게 '안 돼'라는 한계를 설정할 수 있는 힘을 얻게 되었다. 이것은 제러미의 폭언을 하는 행동을 줄이는 결과를 가져왔다.

패티의 부모는 패티의 학교 상담교사로부터 딸의 팔에 난 상처에 관한 얘기를 전해 듣고 딸을 심리치료에 데리고 왔다. 내가 놀랐던 것은, 아무도 그녀의 팔을 실제로 본 사람이 없다는 것이었다. 패티는 자신의 팔을 보여 주기를 거부했고, 아무도 그것에 대해 강하게 주장하지 못했다. 이렇게 해서 나는 무뚝뚝하고 비판적인 자해를 일삼는 16세 소녀와 너무 조심스러워서 자해의 상처를 보자는 요구도 하지 못하는 부모와 대면하게 되었다.

"아무도 패티에게 상처가 얼마나 심한지 보자고 못했다는 건가요?" 내가 물었다. "아이가 보여 주질 않아요." 패티의 아버지가 답했다. "댄, 따님이 반복적으로 자해를 하고 있어요. 그것이 그저 긁힌 정도인지, 아니면 더 심한 것인지 아무도 몰라요. 따님은 열여섯이죠. 따님이 성인에게 상처를 보여 줄지 말지를 결정할 위치에 있는 것 같지는 않은데요. 사실 그긴 별로 큰일도 아니고 따님의 권리를 크게 침해하는 것도 아니고요. 부모님이 행동을 취하셔야 될 것 같은데요."

"알고 있어요. 그게 그런 것 같아요. 딸이 이미 우리에게 화가 난 상태라서 그러다가 상황을 더 악화시키지나 않을까 해서요…. 게다가 그것 때문에 내 마음이 얼마나 힘들었는지 보이기도 싫고…." 패티의 어머니가 말했다.

“패티가 자신의 행동이 얼마나 당신을 놀래키는지 알아야 할 것 같은데요. 사람들을 겁먹게 하는 것에 대한 결과가 있다는 것을 알아야지요. 그런 행동 때문에 자신이 사랑하는 사람이 아파하는 것을 지켜보는 것도 그중 하나이지요. 패티는 자신이 부모를 놀라게 할 수 있다는 것을 알아야 해요. 하지만 부모가 포기하고 물러나지 않을 것이라는 것도요. 패티가 지금 당장 자신의 자해행동에 대해 이야기하고 싶지 않을 수는 있겠지요. 하지만 패티가 이 시기를 잘 통과할 수 있도록 도울 수는 있는 여러 가지가 있을 거예요.”

물론 가족이 격한 감정적인 반응을 보이기보다 감정적으로 절제하는 것이 나을 때가 있다. 나는 심각한 우울 상태와 거식증으로 병원에 입원했다가 갓 퇴원한 15세 소녀(리사)의 사례를 감독한 적이 있다. 그녀는 촉망받는 학생이었고 필드하키 선수이기도 했다. 자신의 이전의 학업적, 사회적 기능 수준에 비해 현저히 떨어진 현재의 자신의 모습을 본 그녀는 다시 깊은 우울 상태에 빠졌다.

리사의 부모는 딸이 퇴원 후 다시 우울 상태에 빠지자 이전보다 더 긴장했다. 그녀의 부모는 딸이 병원에서 퇴원한 것으로 딸의 모든 고통이 사라지고 새롭게 시작할 수 있을 거라는 잘못된 기대를 가지고 있었다. 그래서 딸이 차분하게 지난 몇 개월 동안에 경험한 상실에 대해 애도하고 현저히 떨어진 기능 수준(영구적이 아니더라도)에 대한 슬픔을 다루도록 놔두지 못했다. 그들은 그녀의 기분을 좋게 하려고 애썼다. 그것이 계획대로 되지 않자 인내심을 잃고 그녀에게 “이제 그만 떨쳐 버리고 긍정적인 측면을 보도록 해 봐.”라고 다그치게 되었다.

나는 리사의 부모에게 딸의 우울감 자체가 문제라기보다는 그녀를 거기에서 끌어내려고 모두가 지나치게 애쓰는 것이 문제인 것 같다고 말했다. 그들은 내 말에 충격을 받은 것 같았다. "그녀를 우울하게 놔두세요." 나는 조언했다. "그녀가 우울한 것이 당연하지 않을까요? 따님은 자신이 무엇을 잃어버렸는지 알 만큼 똑똑해요. 솔직히 저라면 따님이 우울하지 않다면 더 걱정할 것 같아요." 나는 이 모든 과정이 그녀에게 미친 영향을 부정한다고 해서 그녀의 기분이 더 나아지지는 않는다고 덧붙여 설명했다. 그리고 리사가 다시 이전처럼 성공적으로 자신의 삶을 이끌어 갈 수 있다고 느끼게 되면 그녀의 기분도 자연스럽게 호전될 것이라고 말했다.

갈등회피가 비생산적이라는 것을 지적하기

이튼이 자동차 운전석 쪽 문이 뒤틀어진 것을 몰랐다는 말에 아버지는 전혀 수긍을 하지 않았다. 그것은 이미 이튼이 집 차고에 차를 주차하려고 후진하다가 그 옆에 있는 떡갈나무를 들이받았다는 것을 인정한 후였다. 이튼의 아버지가 말했다. "이튼, (문이 뒤틀렸다면) 문은 잠기지도 않는데 어떻게 그것을 모르고 차에 앉아 있을 수 있니?"

"아니에요, 아버지. 차에 손상이 있나 다 살펴봤는데 아무것도 발견하지 못했어요. 저는 차가 멀쩡하다고 생각했어요. 그래서 아무 말도 하지 않은 거예요. 그때는 차가 정말 아무 이상이 없는 것처럼 보였어요. 정말이에요."

이튼이 또 책임을 회피하려 들자, 다혈질 남편과 이튼 사이에서 늘 중재자 역할을 해 온 이튼의 어머니가 끼어들었다. 그녀는 이튼의 책임회피를 상황을 잘 파악하지 못해서 그렇다는 것으로 넘기려고 했다. '아뿔사' 나는 속으로 생각했다. 오직 어머니만 이튼의 실상을 보지 못하고 있었다.

"어머니는 이 두 사람을 지나치게 보호하고 계시네요. 이튼이 정말 상황을 잘못 파악한 것일까요? 그보다는 그렇다고 하면 책임을 면할 수 있다고 생각하는 것 같아요. 어머니께서 그렇게 개입하시면 아드님과 남편 분이 부딪치는 것은 피할 수는 있겠죠. 하지만 동시에 자신의 문제를 다룰 수 있는 기회도 잃게 되죠. 특히 이튼의 문제를요."

두려워하는 바로 그것을 표현할 수 있도록 돕기

부모가 자신의 말이나 행동에 대한 자녀의 반응에 대해 염려한다면, 바로 그 염려를 표현할 수 있도록 도우라. 그런 다음 부모가 그에 대한 결과(자녀와의 갈등, 자녀의 무거운 침묵, 자신에 대한 회의)를 조금 더 편안하게 받아들일 수 있도록 조력하라. 또한 이 때문에 자녀가 위험한 행동을 할 가능성이 있다면(예, 가출, 자해행동) 그것을 안전하게 다룰 수 있는 장치를 미리 계획하라.

"그런 말을 하면 어떤 일이 벌어질 것 같으세요?" 나는 통제가 잘 안 되는 아동의 부모에게 이런 질문을 한다. 다음은 그런 대화의 예다.

시나리오 1

"딸아이는 자신의 방에서 아예 나오질 않겠죠. 이미 그 애는 가족들과 거의 상대를 안 하는데, 그 애가 더 그러지나 않을까 해서요."

"따님이 그런 선택을 한다면 어쩔 수 없겠죠. 하지만 자기 방에 영원히 틀어박혀 있지는 못할 거예요. 따님의 선택에 대한 책임을 부모님이 지실 수는 없어요. 따님이 스스로를 고립하는 것을 다루어야겠지요. 그것을 막으려고 부모로서 마땅히 해야 할 행동과 훈육을 피하시면 안 될 것 같은데요."

"딸아이의 행동을 어떻게 다루어야 할까요?"

"브리타니에게 부모님이 기대하시는 것을 말씀하세요. 따님이 어떤 가족활동에 참여해야 하고 어떤 의무를 지켜야 하는지요. 그리고 그것을 하지 않았을 때 어떤 결과를 직면하게 될 것인지도 말해 주세요. 예를 들어, 따님이 부모님의 말씀을 듣지 않고 가족과 같이 식사하는 것을 거부한다면, 혹은 찾아온 친척에게 인사하기를 거부한다면 부모님의 자동차를 사용할 수 있는 권리를 이틀 동안 빼앗긴다든가 하는 것이지요."

"딸에게 제재를 가하는 것은 못하겠어요. 이런 행동을 하면 더 많은 특권을 주는 식으로 하면 안 될까요?"

"그건 따님께 뇌물을 주는 격이지요. 가족과 식사를 같이하거나, 할머니에게 인사를 하는 것은 당연히 해야 할 행동이고 그것을 보상할 필요는 없어요. 하지만 브리타니가 가족과 함께 식사를 해서 부모님께서 얼마나 기뻤는지 알려 줄 수는 있겠지요. 만약 따님이 뾰루퉁해 있다면, 따님이 가족과 함께하는 것이 너무 좋아서 그런 모습 정도는 용납해 줄 수 있다고 말하세요."

시나리오 2

"그 아이가 격분해서 집의 물건을 부수지 않을까 걱정이 돼요."

"그럴 수도 있겠지요. 그렇다면 그런 행동에 대한 결과를 아드님이 직면하도록 해야지요. 그 물건이 다시 살 수 없는 것이라면 그것에 상응한 보상을 하거나, 아니면 같은 물건을 다시 사 놓고 그런 행동에 대해서 사과하는 것이 그런 행동에 대한 결과가 되겠지요. 만약 아드님이 너무 심하게 집 물건을 손상했다면 대물손상에 대해 법적 청구를 하실 수도 있고요."

Price는 자녀의 통제가 도저히 안 될 경우, 부모가 외부적 제재, 예를 들어 경찰의 제재가 필요하다는 것을 인식하는 것이 자녀에게 필요한 도움을 주기 위해 매우 중요한 요소라는 것을 강조한다.

시나리오 3

"이상하게 들릴지는 몰라도, 딸아이가 내가 듣고 싶지 않거나 알고 싶지 않은 사실을 막 쏟아놓을까 봐 걱정이 돼요. 예를 들어, 마약을 사용하고 있다든지, 성관계를 갖고 있다든지요. 그런 사실로 나에게 복수를 하려 들까 봐 걱정이 돼요."

"그럴 수도 있겠지요. 하지만 그런 일에 충격을 받지 않도록 노력하셔야지요. 그래도 어머니께서 그런 일에 대해 아는 편이 나으니까요. 알아야지 따님에게 그런 행동을 그만두라고 요구하실 수도 있지 않을까요? 또 그래야 따님에게 그런 행동에 대한 책임을 물을 수도 있고요."

시나리오 4

"내가 목소리를 높이거나 그 문제를 추궁하면 아들이 막무가내로 거칠어지고 심지어 폭력적이 될까 봐 두려워요."

"그래서 전화번호부에 119번호가 있는 것이지요. 필요하다면 119에 긴급 도움요청 전화를 할 수도 있다고 생각하셔야 하고 아드님 또한 부모님이 그럴 수 있다는 것을 알아야 하고요. 그렇지 않다면 아드님은 부모님의 두려움을 빌미로 계속해서 부모님을 꼼짝 못하게 할 수도 있어요. 또 아드님을 직면하실 때 친구나 동료, 친척 중에 상황이 악화되면 아드님을 제재할 수 있는 사람을 동반하는 것도 아이디어이고요."

"너무 계획적이라는 느낌이네요."

"그럴 필요가 있어요. 아드님에게 부모로서 훈육하고 단호함을 보여야 할 경우에 그렇게 할 수 있도록 상황을 설정하셔야 해요. 그것이 계획적이고 자연스럽지 못하다 해도 할 수 없는 일이지요."

시나리오 5

"딸이 다시 자살하려는 끔찍한 생각을 하게 될까 봐 걱정이 돼요."

"그렇다면 부모님이 필요한 행동을 취하셔야 하겠지요. 예를 들어, 따님을 24시간 감독할 수도 있고요. 따님에게 이렇게 말하세요. '우리가 서로 충돌할 때마다 네가 우울해지는 것이 걱정되는구나. 부모로서 어떤 행동이 너를 위한 최선일지 생각해 봤단다. 그래서 너의 안전을 확보하기 위해 조치를 취했어. 며칠 동안 삼촌이 우리와 함께 지내시면서 네가 괜찮은지 살피시기로 했단다.' "

▲ 중요한 것은 부모가 자녀의 위협이나 행동이 두려워서 부모로서의 역할을 하기를 포기해서는 안 된다는 것이다. 도움이 필요하다면 그것을 확보해야 하고, 가능한 한 모든 지원과 자원을 활용해야 한다. 이렇게 할 때, 부모는 비로소 자신의 판단에 따라 자유롭게 말하고 행동할 수 있다.

중요한 것은 부모가 자녀의 위협이나 행동이 두려워서

부모로서의 역할을 하기를 포기해서는 안 된다는 것이다. 도움이 필요하다면 그것을 확보해야 하고, 가능한 한 모든 지원과 자원을 활용해야 한다. 이렇게 할 때, 부모는 비로소 자신의 판단에 따라 자유롭게 말하고 행동할 수 있다.

부모가 자녀를 직면할 수 있도록 즉석에서 코칭하기

"어머니, 지금 여기서 윌리엄에게 그런 행동의 결과가 어떤 것이 될지 설명해 주세요. 아드님이 그렇게 부모님에게 막말을 한다면 어떤 책임을 지게 될지를요. 만약 나중까지 기다린다면 아드님은 어머니를 그렇게 대해도 괜찮다는 것으로 받아들일 수 있어요."

"아버님, 그런 것을 가지고 따님과 논쟁을 벌일 필요가 있을까요? 그냥 애슐리에게 그건 타협이 불가능하다고 알려 주세요. 부모님께서는 이미 따님에게 외출할 수 없다고 했고 그 이유에 대해서도 말씀하셨어요. 애슐리가 불만스러운 표정을 짓고 있기는 하지만 완벽하게 이해하고 있다고 믿어요. 이것에 대해 다시 토론하는 것은 따님의 생각이 적절하다는 메시지를 주고, 공평한 부모로 서고 싶다는 부모님의 소망을 따님이 이용하게 놔두는 격이 될 것 같네요."

지나치게 조심하지 않으면서 공감적으로 대화하는 것을 모델링하기

서로 지나치게 조심하고 있는 가족이 있다면 솔직하고 직접적인 의사소통에 익숙해지도록 조력하라.

조금 더 권위 있고 효과적으로 자녀를 양육했던 때를 기억하도록 돕기

해결중심 질문[6]을 부모에게 던져 본다. 예를 들면, 다음과 같다.

- 이렇게 해 본 적이 과거에 있으십니까?
- 그때는 당신이(배우자가, 자녀가, 상황이, 삶의 방식이) 지금과 어떻게 달랐습니까?
- 이 일을 하기 위해 준비로 꼭 해야 할, 혹은 꼭 필요한 한 가지가 있다면 무엇입니까?
- 이 일을 해내기 위해 오늘 우리가 여기서 할 수 있는 것에는 무엇이 있습니까?
- 어떤 다른 것이 필요하십니까?

부인은 남편의 지지가 필요하다고 말할 수 있다. 그런 경우에 부인이 남편에게 필요한 것을 직접 요구할 수 있도록 돕거나, 상담자가 남편에게 부인의 필요에 대해 전하고 그가 부인을 충분하게 지지하고 있지 않은 것에 대해 언급할 수 있다.

날시와 빌은 14세 딸 나디아를 데리고 치료에 왔다. 달시가 통제가 잘 안 되는 딸을 다루는 데 있어 남편 빌의 지지를 받지 못하고 있

6) de Shazer, S. (1985). *Keys to solution in brief therapy*, New York: Norton; de Shazer, S. (1988). *Clues: Investigating solution in brief therapy*, New York: Norton; Dejong, P., & Berg, I. K. (1998). *Interviewing for Solutions*. New York: Brooks/Cole.

다는 것은 금세 드러났다. 나디아는 부모가 밖에 나가는 것을 허락하지 않는데도 친구를 시켜 그녀를 데리러 오게 하고, 빌은 달시가 집에 없을 때 그것을 허용했다. 왜 딸이 밖에 나가도록 놔뒀는지 묻자 그는 이렇게 말했다. "그럼 어떻게 하겠어요? 이미 친구들이 와 있는데요." 믿기 어려운 답변이었다.

또 다른 경우에 빌은 딸이 달시가 혹은 자신과 달시가 금지한 행동을 했을 때, 그것을 제재하지 않았다는 것을 솔직히 인정했다. 그는 말했다. "솔직히 말하면, 그냥 딸아이와 부딪치는 것이 싫었어요." 빌은 우울한 성향의 수동공격적인 성격의 소유자였는데, 그의 아내에 대한 분노와 갈등 회피성향은 부모로서 의무를 부인하는 것으로 나타나고 있었다. 이런 상황에서는 나디아가 어머니와는 끊임없이 다투고 아버지와는 잘 지내는 것이(두 사람 모두 이것을 인정하고 있었다) 당연했다. "나는 딸과 아무 문제도 없어요." 빌은 가볍게 말했다.

"부인을 지지하지 않고 혼자 내버려 두면서 어떻게 그렇게 편안할 수 있지요?" 내가 물었다. 그는 냉담한 반응을 보였다. 달시는 남편을 노려보았다. 내가 말했다. "생각해 보세요. 빌, 달시는 당신의 도움이 필요해요. 따님을 위해서도 부인을 도와야 하고요. 당신이 혼자 편하게 나 몰라라 하고 있을 때, 부인과 따님은 그 타격을 받고 있어요."

나의 지지에 힘을 얻은 달시는 감정에 호소하거나 신경질적이고 위협적인 태도를 취하지 않으면도 적극적으로 자기주장을 해 나갔다. "여보, 이 모든 일에 당신이 가까이서 지지해 주었으면 해요. 더 나아가서는 당신이 먼저 적극적으로 딸애를 훈육했으면 해요. 당신이 내 생각에 동의하지 않는다면 다른 아이디어를 제안해 줘요. 그냥 내 생각을 무시해 버리지 말고요."

우리가 만난 지 3주 만에 드디어 나는 처음으로 이 남자가 무언가를 진지하게 받아들이는 것을 보았다. 그리고 몇 주 후 나는 달시로부터 나디아가 100퍼센트 달라졌다는 전화를 받았다. 그것은 달시와 빌이 그들의 부모로서의 역할과 책임, 또 서로에 대한 책임에 대해 많은 진전을 보였기에 가능한 것이었다.

사면초가에 몰린 부모 돕기

부모에게 혹시 너무 지쳐 있지 않은지 직접적으로 질문하라

'너무 당연한 것을 묻는 것은 아닐까?' 라고 생각할 수 있다. 그러나 많은 사람은 자신이 지쳐 있다는 것을 누군가 알아 준다는 것만으로도 힘을 얻는다. 또한 그런 질문은 때때로 동정심을 유발하기 위해 그런 상태를 너무 노골적으로 드러내는 것을 방지하는 효과도 있다.

한번은 혼사서 15세 딸을 키우고 있는 어머니 그래첸과 마주 앉은 적이 있었다. 치료에 오기 2주 전, 딸 아만다는 그녀보다 나이 많은 아이들과 파티를 하다가 들켰다. 감독하는 성인 없이 아이들은 파티에서 음주를 즐긴 것이었다. 그런 일이 있은 후 2주 동안 아만다는 어머니를 피하고 무례하게 대했다. 첫 번째 회기에서, 아만다의 어머니는 소파에 앉아 있는 것 외에는 아무 일도 할 수 없을 만큼 너무 지쳐 보였다. 그런 와중에도 아만다는 어머니의 염려와 규율이 타당한 것이 아니라고 대들었다. 그녀는 어머니가 자신을 과잉보호하고 있고 술에 대해 신경질적이라고 몰아붙였다. 어머니는 바닥을 응시하고 있었다. 어깨는 축 처져 있었고 완전히 탈진한 듯이 보였다. 그녀는 딸에게 거의 대응하지 못했다. 간신히 답변을 했을 때조차 아만다가 너무 빠르고 예리하게 말대답을 했기에 그녀도 나도 넋을 잃을 지경이었다.

나는 아만다를 밖에서 기다리도록 하고 다시 돌아와 앉았다. 그리고 그레첸에게 많이 지쳐 보인다고 말했다. 그 말을 듣자마자 그녀는 곧 울음을 터뜨렸다. 그리고 그동안 아만다 아버지의 도움 없이 혼자서 아만다를 키우는 것이 얼마나 힘들었는지, 특히 끊임없이 대드는 아만다를 상대하기가 얼마나 힘들었는지 토로했다. 나머지 치료시간 동안 나는 어떻게 하면 그레첸이 기력을 회복해서 해결해야 할 문제를 다룰 수 있을지 상의했다. 이것이 아만다와 만나는 것보다 훨씬 유용했다.

그레첸의 무기력은 오랜 시간 동안 쌓여 온 패배감, 주변의 지지 없이 혼자서 문제를 처리해야 하는 상황, 딸에게 아무런 영향을 미치지 못한다는 무능감에서 기인한 것이었다. 어떤 부모는 극도로 화가 난 나머지 무언가를 고쳐 보겠다는 생각을 포기하거나, 너무나 절망한 나머지 돕고 싶은 마음조차 잃어버리기도 한다.

내가 감독한 사례 중에 16세 아들 칼을 둔 어머니의 경우가 있었다. 그녀는 수년에 걸친 아들의 무례한 행동과 고약한 성미 때문에 완전히 지쳐 거의 절망 상태에 있었다. 상담자는 그녀의 아들에 대한 무덤덤하고 경직된 태도에 놀라고 있었다.

"이제 할 만큼 했어요." 칼의 어머니가 말했다. "이 모든 일이 어떻게 될지 혼자 노심초사하는 것에 지쳤어요. 전 이미 아들에게 많은 기회를 줬어요. 이제 아들이 내게 보여 줄 차례죠."

나는 상담자에게 이 어머니와 작업하는 데 세 가지에 초점을 맞출 것을 제안했다.

- 그녀의 상황에 대한 공감을 표현하고, 누구라도 그런 상황에서 포기하고 싶고 할 수 있는 것(또는 하고 싶은 것)을 다 시도해 봤다고 말하고 싶어질 것이라고 인정해 주라.
- 그녀의 냉정하고 단호한 태도가 아들에게 어떻게 비칠지, 또 그런 태도의 장점과 단점에 대해 솔직하게 대화를 나누라. 예를 들면, 아들은 어머니의 말을 심각하게 받아들이거나 아니면 어머니로부터 완전히 돌아설 수 있다. 특히 그가 겨우 어머니와 대화를 시도하려는 시점이었다면 후자의 경우가 될 가능성이 크다.
- 그녀가 할 수 있는 선택에 대해 나누고, 이 시점에서 어떤 선택을 할지 결정할 수 있도록 돕는다. 또한 만약 중간에 마음을 바꿀 경우 어떻게 해야 할지 의논해 본다.

부모의 탄력성을 사정하라

어떻게 하면 부모의 돕고자 하는 마음을 되살릴 수 있을까? 그러기 위해 부모에게 필요한 것은 무엇일까? 다음과 같은 질문은 부모에게 다시 동기부여를 하는 데 도움이 될 수 있다.

- 그들이 바닥을 친 느낌을 경험하고 있는가? 그들이 며칠만이라도 문제를 잊고 자신을 재충전할 필요가 있는가?
- 그들이 비슷한 상황에 있는 다른 부모들을 만나고 싶어 하는가? 지역사회에 그들이 참여할 수 있는 집단이나 다른 사회적 자원이 있는가?
- 그들 주변에 형제, 친척, 가까운 친구 등 몇 주간 집안 살림을 도와줄 만한 사람이 있는가?

부모에게 다른 자원을 연계해 주라(친척, 지역사회 지지집단, 사회복지기관)

이것은 특히 한부모 가정에게는 중요한 문제다. Martha Straus의 저서 *Violence in the Lives of Adolescents*[7]에 보면 부모가 활용할 수 있는 기관이나 집단 목록이 잘 정리되어 있다. 다음과 같은 사항은 특히 주목할 만하다.

- 부모 자조 집단: 가학적인 부모를 위한 자조 모임
- '사랑하기 때문에': 자녀의 무단결석, 물질 남용, 반항의 문제로 어려움을 겪고 있는 가족을 위한 지지 집단
- White과 Madara 저서 *The Self-Help Sourcebook*[8]
- 청소년 자원봉사

7) Straus, M. B. (1994). *Violence in the lives of adolescents*. New York: Norton.

8) White, B. J., & Madara, E. J. (1992). *The self-help sourcebook*. Denville, NJ: Saint Clares-Riverside Medical Center.

- 청소년을 위한 멘토 프로그램

무기력감 극복을 위해 치료 회기에서 상담자가 할 수 있는 것이 무엇인지 질문하라

다음은 치료가 제공할 수 있는 다양한 예다.

- 변화에의 희망
- 부모에 대한 지지
- 새로운 관점이나 접근방식
- 청소년에 대한 직접적인 개입
- 확대가족을 활용한 개입
- 학교를 통한 간접적인 개입
- 자녀의 문제가 (부모의 문제가 아니라) 자녀 그 자신의 문제라는 인식

자녀가 부모의 문제해결 노력을 긍정적으로 평가 · 감사할 수 있도록 도우라

다음과 같은 개입을 시도할 수 있다.

- "니콜라스, 지난 몇 주 동안 너는 네 생각을 강하게 주장하느라 그런 행동이 부모님에게 어떤 영향을 미칠지 미처 생각하지 못하는 것 같아. 부모님이 너와 싸우는 것에 지쳤다는 말씀을

하셨을 때 너는 비웃고 조롱하는 태도를 보였어. 물론 네가 부모님의 생각에 동의하지 않는다는 것은 나도 알아. 하지만 이런 끝없는 싸움이 부모님의 진력을 빼는 것을 인정하는 것은 인간적인 행동이라고 생각해. 지금 여기 행복한 사람은 아무도 없어."

- "멜라니, 내가 생각하기에는 아버지는 화가 났다기보다는 두려우신 것 같아. 하지만 두려워해서는 너를 보호할 수 없고, 너의 주의를 끌기 위해서 화를 내야 한다고 생각하시는 것 같아. 아버지께 그럴 필요가 없다는 것을 알려 드리고 아버지와의 언쟁을 피할 방법을 모색해 보면 어떨까?"
- "너는 부모님의 마음을 잃고 있어." 아들의 우울증과 고약한 성격을 고쳐 보려는 부모님의 노력을 계속해서 무산시켜 온 16세 된 소년에게 나는 이렇게 말했다. "부모님이니까 너의 그런 것을 참고 버티시는 거지 아마 다른 사람이라면 그렇게 하지 못할 거야."

통제적인 부모 돕기

통제욕구에 대한 집착을 버리고 청소년 자녀를 다루는 다른 방법을 모색해 보도록 조력하라

자녀에 대한 지나친 통제를 선한 의도의 부적절한 표현이라고 재해석하는 것은 부모의 방어적 자세를 누그러뜨리는 데 효과적이다.

자녀에 대한 엄격한 통제가, 그것의 대가와 한계에도 불구하고 문제 상황을 다룰 수 있는 유일한 방법처럼 여겨질 수 있다는 것을 공감하라. 통제에 대한 집착은 집안 대대로 내려오는 가보 같은 것일 수 있다. 혹은 그들의 성격이나 개인적 경험에서 기인한 것일 수 있다. 부모가 자녀와의 관계에서 장애가 되는 것으로 드러난 자신의 성격의 측면을 수용하도록 조력할 때 그들은 그것에 덜 집착하게 된다. 이렇게 함으로써 부모는 상담자의 제안을 받아들일 준비가 되고, 성장하는 자녀에 대한 지나친 통제에 대해 다시 고려해 볼 수 있는 여유를 갖게 된다.

▲ 자녀에 대한 지나친 통제를 선한 의도의 부적절한 표현이라고 재해석하는 것은 부모의 방어적 자세를 누그러뜨리는 데 효과적이다.

통제의 포기가 삶의 피할 수 없는 과정임을 언급하고, 그런 경험을 정상적인 것으로 인식하게 하라

그들이 어떻게 자녀를 학교에 보낼 수 있었는가? 또 자녀를 다른 집에서 자도록 놔둘 수 있었는가? 또 자녀가 운전을 하도록 허용할 수 있었는가?

청소년 자녀의 안녕과 그들의 점점 증가하는 자립과 자율에 대한 욕구 사이에서 균형을 맞추어야 하는 부모의 역할에 대해 설명하라. 또한 그것이 기존의 양육방식에 변화를 의미한다는 것을 인식할 수 있도록 조력하라. 사람들은 각기 다른 방식으로 이러한 균형을 맞추려고 한다. 그들의 방식은 어떤 것일까?

자녀 통제를 느슨하게 할 구체적 방법을 찾도록 조력하고, 이 과정에서 부부가 상호 피드백과 지지를 활용하도록 도우라

자녀에 대한 통제를 느슨하게 하는 것에 대해 부부가 서로 어떻게 느끼는지에 대해 대화할 것을 제안하라. 물론 그런 감정에 대해 이야기하는 것이 어색하게 느껴질 수 있다. 왜냐하면 대부분의 사람은 자신이 현재 겪고 있는 경험에 대해 이야기하는 것에 익숙하지 않기 때문이다. 부부에게 예를 제시할 수도 있다. 예를 들어, "릴라, 이것 참 어색하네. 한편으로는 딸애를 쫓아가서 오늘 밤 그 콘서트에 갈 수 없다고 말하고 싶기도 하고, 또 한편으로는 모든 것을 다 통제할 필요가 없다는 것이 안도감이 느껴지기도 하네. 하지만 또 내가 부모로서의 역할을 다하지 않는 듯한 느낌도 들고 말이야. 내 말 이해하겠어?"

청소년이 지나치게 통제적인 부모에게서 자율적이고 독립적이 되는 것이 바람직한지, 아니면 그 가족이 함께 문제를 해결해 가도록 돕는 것이 더 적절한지 숙고해 보라

17세의 소피는 부모가 꿈꾸어 왔던 이상적인 딸과는 정반대였다. 그녀의 부모는 단정함을 중요시했지만 소피는 일부러 지저분하게 하고 다녔다. 부모는 의상에서 보수적이었지만, 소피는 옷핀으로 겨우 고정한 찢어진 청바지와 구멍 난 셔츠를 입고 다녔다. 소피는 하루에 한 갑의 담배를 피웠다. 소피는 외동이었고, 그녀의 부모는 그런 그녀를 그대로 받아들이는 데 상당한 어려움을 겪고 있었다. 그들은 소피의 두드러진 개성을 인정하기 어려워했다.

소피의 부모는 딸을 변화시키려고 잘못된 전략을 선택했다. 그들은 소피에게 스타일과 성격을 지정해 주었다. 딸이 자신들과 다르다는 것을 거부하는 과정에서 그들은 딸의 흥미를 끌 수 있는 모든 기회를 놓쳐 버렸을 뿐만 아니라, 소피가 자신의 행동, 복장, 태도를 고쳐 볼 마음조차도 잃어버리게 했다. 딸을 자신들의 생각대로 바꾸려고 했던 그들의 선하지만 그릇된 시도로 인해 소피의 좋은 판단력, 지능, 성격은 무시되고 있었다.

그들의 결혼생활은 매우 불행했고 서로를 대하는 태도 역시 기이했다. 소피는 그들 앞에서 시들어 가고 있었다. 나는 이 가족이 서로 간의 차이를 극복하는 것이 불가능할 것이라고 판단했고, 따라서 소피가 가족에게서 정서적으로 독립하는 것이 더 나을 수 있다고 생각했다. 그리고 그것이 치료의 목표가 되었다.

물론 그녀에게 직접적으로 부모의 노력에 더 이상 귀 기울이는 것을 피해야 한다고 말한 적은 없다. 또한 그녀가 가족에게서 독립해야한다고 솔직하게 말한 적도 없다. 대신에 나는 어떤 면에서는 서로 잘 맞지만 다른 면에서는 잘 맞지 않는 부모-자녀가 서로에게서 보다 독립적이 되기 위해 어떤 결정을 내릴 수 있는지에 대해 이야기했다. 나는 그녀에게 부모의 질책에는 새겨들어야 할 메시지가 있다고 설명했다. 그러면서 한편으로는 자신들이 원하는 대로 그녀를 바꾸려는 부모의 시도를 피해 갈 수 있도록 도왔다. 그녀는 이것을 효과적으로 해 나갔고, 이후 성공적으로 성인기로 진입할 수 있었다.

또 한번은 매우 심각한 자살시도로 병원에 입원했다 퇴원한 18세 소녀 드니즈를 치료한 적이 있었다. 드니즈의 아버지는 극도로 통제적이었고, 남편의 그런 태도에 주눅이 든 어머니는 남편에게 반대되는 의견을 내지 못했다. 드니즈의 아버지는 딸이 자살시도를 한 것이 자신의 의지였던 만큼 그녀 스스로 병원비를 감당해야 한다고 생각했다. 드니즈의 아버지가 딸의 행동을 조정하기 위해 돈을 이용한 것은 이번이 처음이 아니었다. 가족치료 회기에서 그는 자신의 결정에 대해 단호했고 재고의 여지를 남기지 않았다. 치료는 한편으로는 드니즈가 아버지의 돌봄 방식을 이해하는 데, 또 다른 한편으로는 그녀가 자신의 성숙함과 자립성, 그리고 가치를 적극적으로 표현하는 데 초점을 맞추었다.

내담자가 무언가를 감춘다는 느낌이 들면, 회기 후에 보복 문제가 있는지 살피라

치료 중에 아동이나 청소년이 극히 조용한 경우, 또는 자신의 말에 대한 부모의 반응을 민감하게 살피는 경우에 나는 그들이 뭔가 잘못 말했을 때 회기 후에 어떤 일이 일어날지 상상해 보곤 한다. 어떤 가족은 매우 폐쇄적이어서 외부에 알려도 되는 것과 알려서는 안 되는 것에 대한 엄격한 기준을 가지고 있다. 그런 가정의 자녀는 가족의 기준 내에서 행동하려고 애쓰지만 때로 진실을 알리고 도움을 받고 싶은 소망 사이에서 갈등한다. 아동이나 청소년에게서 그런 염려를 느낄 때, 나는 그런 문제가 명백하게 드러나기 전까지는, 그 가족을 특별히 지목하지 않고 일반적으로 그 주제에 대해 다룰 기회를 찾는다. 예를 들면, 다음과 같다.

- "이것이 적절한지는 모르겠지만 제가 의아하게 생각해 온 부분이 있어서요. 어떤 상황에 대한 조각이 잘 맞춰지지 않을 때, 저는 제가 아직 모든 정보를 가지고 있지 않을 가능성을 생각해 보죠. 물론 때로는 조각은 거기에 다 있는데 제가 못 보는 경우도 있지만요. 그러나 때로는 가족이 자신들에 관한 정보를 공개하기를 꺼리기 때문에 조각이 맞춰지지 않기도 하지요. 혹은 가족 구성원 중에 어떤 사람은 그 정보를 얘기하고 싶지만 그렇지 않은 사람을 화나게 할까 봐 이야기하지 못하는 경우도 있고요. 이런 경우는 도움을 바라지만 상담자에게 노출되는 것을 두려워하는 가족에게는 상당한 딜레마죠."
- "아버님의 의도는 잘 알지만 말씀드릴 것이 있어요. 그런 태도를 보이실 때, 제가 딸이라고 해도 말하기가 어려울 거예요. 아버님이 승인을 하고 안 하고는 자녀에게 엄청난 영향력을 가지는 것 같아요. 아버님이 가족의 문제가 어떻게 발생되었는지에 대한 따님의 생각을 인정하시리라는 것은 기대하지 않아요. 하지만 그것을 들어보는 것은 중요하다고 여겨지네요. 그것이 우리에게 어떤 도움이 될 수도 있으니까요."

부모가 덜 지배적인 태도를 취하도록 기회가 될 때마다 즉시적 피드백을 제공하라

예를 들면, 다음과 같다.

- 자신이 다른 방식으로 소통하고 있다고 생각하는 권위적인 아

버지에게 말한다. "선한 의도를 가지고 계신 것은 잘 알겠어요. 하지만 여전히 별로 달라진 것이 없는 것 같아요."
- "많이 좋아지셨어요. 하지만 여전히 어조가 좀 강하네요." 그리고 자녀에게 이렇게 묻는다. "너는 어떻게 생각하니?"
- "어머니, 지금 하신 말로만도 자녀가 6개월 동안 쓰레기를 갖다 버리고 싶어 하기에 충분한 것 같아요."

부모에게 청소년 자녀를 다루고 지지하는 법을 배우게 한다면, 상담자는 가족 모두—내담자, 형제, 배우자—를 돕는 것이 된다. 한 가족이 불일치, 고립, 비생산적 분노, 우울감에서 벗어나 질서와 권위와 서로에 대한 애정으로 향하게 하는 것은 결코 작은 일이 아니다. 그것은 진정한 선물이다. 한 청소년이 냉소와 패배의식, 절망과 공격성, 자기파괴적 성향에서 벗어나 건강한 호기심과 자기성찰, 자기 조절 능력을 개발하고 관계적이 되도록 하는 것은 기적이라고 할 수 있다.

그러나 이러한 기적은 실제로 일어나고 또한 계속될 수 있다. 꾸밈없는 진실한 만남 안에서, 서로에 대한 온전한 관심과 신뢰와 기대가 충만할 때, 이런 기적은 비로소 일어난다. 심리치료는 이런 것을 가능하게 하는 장을 제공할 수 있다. 그러나 이런 풍성한 기적은 심리치료실에서만 한정되어서는 안 된다. 상담자의 가장 중요한 역할은 이러한 기적이 치료실 밖에서도 활발히 일어날 수 있도록 내담자를 조력하는 것이다.

찾아보기

가족역동 50
가족체계 34, 193
가족치료 159
갈등해결 116
갈등회피 217
개인면담 152
개인치료 189
거식증 216
공감 155
기능 수준 216

대인관계 방식 26
독립성 47

라포 46
라포 형성 113

멘토 229
모델링 116
무조건적 수용 32
물질 남용 228

발달적 욕구 48, 105
방어 32
방어기제 57
보호관찰관 72
부인 206
불안 34
불안발작 36
비밀보장 164
비자발적 88

사회적 자원 228
상담회기 48
생존기제 10
성인기 233

세계관 88
수동공격적 224
수동적 83
슈퍼비전 37
스트레스 12
신체적 학대 147

애도 216
양육방식 231
언어치료 63
역전이 183
외상 12
외재화 168
우울 34
우울증 159
의사소통 34
일탈행동 26
임상 슈퍼바이저 89
임상사례모임 91

자기개념 88
자기개방 25
자기의식 116
자기조절 47
자녀양육 50
자원봉사 228
자율성 47
자조 모임 228
자해 61
자해행동 86
재명명 169
저항 93
정동 104
정서장애 36
정서적 방치 147
정신건강 91
주거형 치료시설 36, 84
중립성 37
직면 122
집단상담 74

충동성 34
치료적 개입 13

코칭 222

통제 34

피드백 232

학교상담교사 68
해석 122
행동조절 34
훈습단계 57
희생양 195

저자소개

Janet Sasson Edgette, Psy.D., MPH

미국 펜실베이니아에서 심리학자 및 아동 · 청소년 · 가족 심리치료자로 활동하고 있다. 저서로 *Stop Negotiating with Your Teen: Strategies for Parenting Your Angry, Manipulative, Moody, Depressed Adolescent*와 공저로 *The Handbook of Hypnotic Phenomena in Psychotherapy* 등을 집필하였다.

역자소개

김영은

일본 게이오대학교 대학원, Political Science, M.L. (정치학석사)
미국 Trinity International University, Counseling Psychology, M.A. (상담심리석사)
미국 Wheaton College, Clinical Psychology, Psy.D. (임상심리박사)
한국기독교상담 · 심리치료학회 기독교상담 전문회원
한국목회상담협회 기독교상담 전문가
현재 백석대학교 기독교학부 기독교상담학전공 교수

다루기 힘든 청소년을 위한

효과적인 청소년 상담

Adolescent Therapy that Really Works:

Helping Kids Who Never Asked for Help in the First Place

2013년 3월 13일 1판 1쇄 발행
2024년 1월 25일 1판 9쇄 발행

지은이 • Janet Sasson Edgette
옮긴이 • 김 영 은
펴낸이 • 김 진 환
펴낸곳 • (주) 학지사
04031 서울특별시 마포구 양화로 15길 20 마인드월드빌딩 5층
대표전화 • 02) 330-5114 팩스 • 02) 324-2345
등록번호 • 제313-2006-000265호
홈페이지 • http://www.hakjisa.co.kr
인스타그램 • https://www.instagram.com/hakjisabook

ISBN 978-89-997-0015-6 93180

정가 13,000원

역자와의 협약으로 인지는 생략합니다.
파본은 구입처에서 교환하여 드립니다.